STEAM
융합교육을 활용한

과학 인형극

STEAM
융합교육을 활용한

과학인형극

하주일 · 신재한 · 김명일 · 김형섭 · 홍성천 · 최정욱
정인걸 · 정영국 · 진주현 · 송창근 공저

학지사

서문

2008년 어느 날, 과학을 좋아하는 초등교사로서 '어떻게 하면 과학을 보다 쉽고 재미있게 가르칠 수 있을까?'라는 자문에 '인형극'이라는 자답을 하였습니다. 아이들이 좋아하는 인형극을 통해 과학에 대한 호기심과 꿈을 심어 주자는 뜻을 세우고 두 명의 후배 교사와 의기투합한 지도 5년이 지났습니다.

눈이 몹시 많이 내린 어느 추운 겨울날이 떠오릅니다. 1인 4역 이상을 하면서 걱정과 떨림 속에 마친 첫 공연은 아직도 생생하기만 합니다. 아이들의 호기심 어린 눈망울, 재미있어 하는 환한 표정, 신기한 듯 터져 나오는 환호성과 박수, 힘차게 부르는 노랫소리는 우리 스스로에게 '이것이 바로 우리가 해야 할 일이다.'는 것을 힘주어 말해 주는 듯 했습니다.

그 후로 창단기 3명, 1기 3명, 2기 3명, 3기 1명으로 식구가 늘어 현재 10명이 함께하고 있습니다. 서로 어울릴 것 같지 않던 남자교사와 인형극은 그렇게 인연을 시작하여 지금까지 이어져 오고 있습니다. 아무도 걸어가지 않은 길을 걷는 듯하여 지칠 때도 있었지만, 교사로서 새로운 발자국을 딛어 가는 도전의 희열과 과학인형극을 보는 아이들의 환호와 박수 소리에 보람을 느끼며 즐거운 마음으로 하고 있습니다.

어느덧 38회의 공연에서 10,000여 명의 학생, 학부모, 시민과 함께했고 많은 것을 배웠습니다. 그러한 배움과 더불어 이 책에서는 교실에서 행하는 수업을 공연장과 무대라는 공간에서 재미있고 즐길 수 있도록 노력했던 그간의 땀방울과 흔적을 담아내고자 하였습니다.

이 책은 과학인형극 이론서가 아닙니다. 과학인형극이라는 새로운 장르에 도전하면서 팀원이 매일매일 일기를 쓰듯 좀 더 효과적인 공연이 되려면 어떻게 해야 할지 고심하며 남긴 흔적입니다. 제1부는 융합교육과 과학인형극의 이해를 돕기 위한 내용을 담았으며, 제2부는 과학인형극을 하기 위해 어떤 것을 준비해야 하는지 제작 순서에 맞추어 구성하였습니다. 제3부는 제작된 과학인형극을 공연하기 위한 준비 과정으로, 마지막 제4부는 교육과정 분석 자료와 과학인형극 학습지 등 과학인형극 사례를 중심으로 구성하였습니다.

'빨리 가려면 혼자 가고, 멀리 가려면 함께 가라.'는 아프리카 속담이 있습니다. 공연 때마다 이삿짐 박스 20개 분량을 싣고 다니며 함께해 준 팀원과 격려와 후원을 해 주신 여러 고마운 분 그리고 많은 배려를 해 준 가족에게 감사한 마음을 전합니다.

2013. 7.

저자 대표

차 례

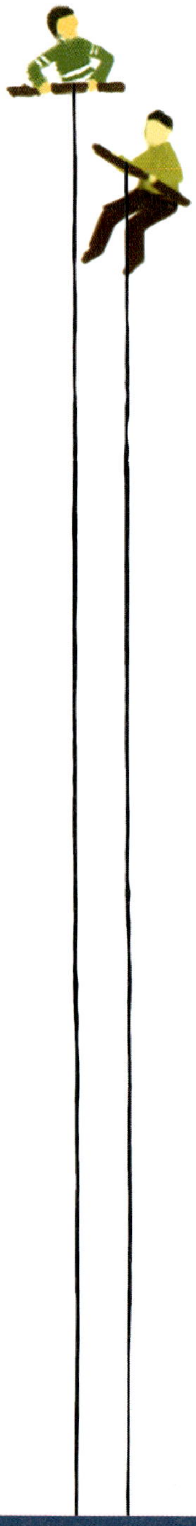

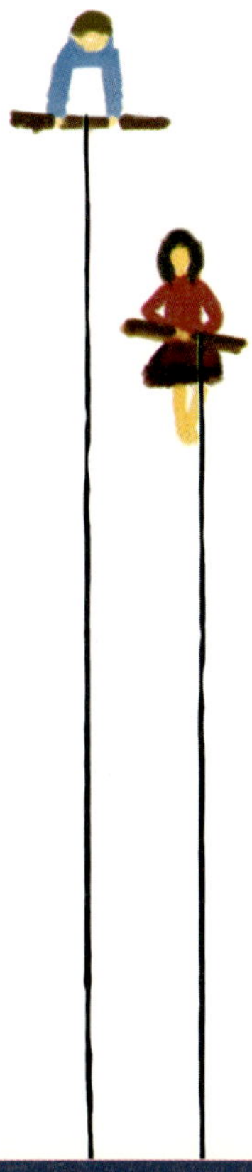

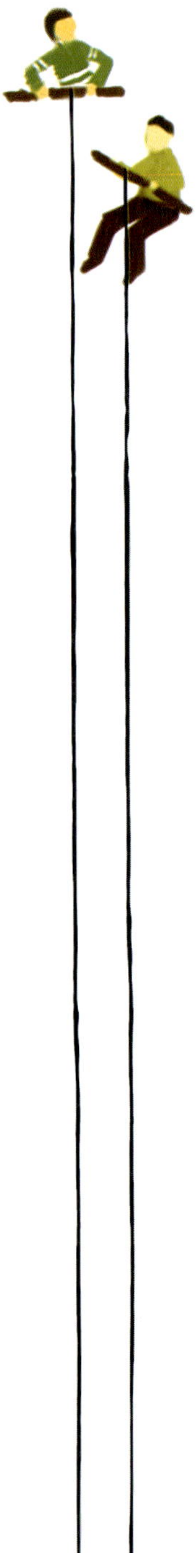

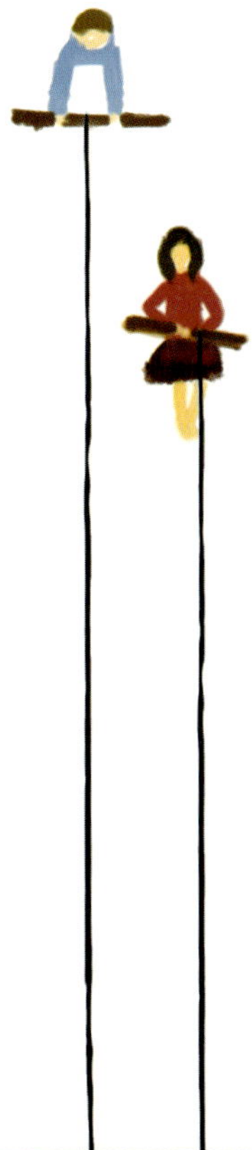

제1부

STEAM 융합교육과 과학인형극

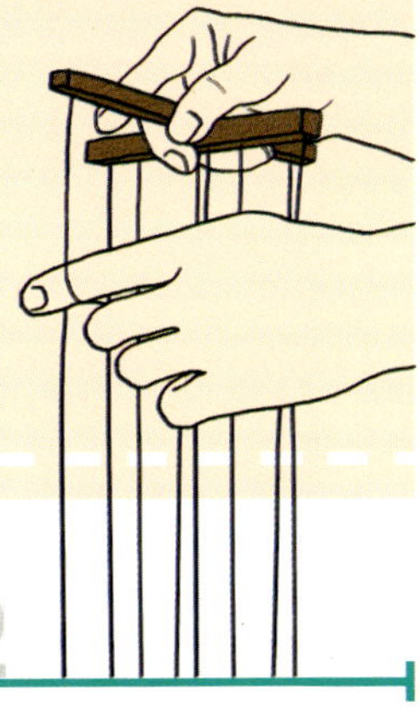

1·2

STEAM 융합교육의 이해

1. STEAM 융합교육의 개념

STEAM은 STEM 교육에 예술(Arts)를 추가하여 다양한 내용과 교수법을 접목하고자 시작된 통합적이고 융합적인 교육 방안으로, 과학 · 기술 · 공학 · 예술 · 수학 등 교과 간의 통합적 접근 방식을 의미하는 새로운 교육 틀이다(교육과학기술부, 2011). 이러한 과학융합교육의 뿌리라고 할 수 있는 STEM은 미국에서 국가적으로 필수적인 융합과학기술 인력을 양성하고 이공계 기피 현상을 해결하고자 하는 교육 개혁의 필요성에 의해 시작되었다. 즉, 다양한 현대사회의 문제를 능동적이고 창의적으로 해결하는 데 도움을 주고 형식적이고 딱딱한 과학, 기술 등의 공학적인 분야와 철학 등의 인문학적인 분야를 접목한 교육 접근 방식으로 제안되었다. 처음에는 1990년 미국 과학 재단에서 STEM의 과학, 기술, 공학, 수학의 약어의 의미로 사용하였으며, 미국 교육 개혁의 시기인 1990년대 초반부터 본격적으로 연구되기 시작한다. 이후 통합 교육의 중요성을 인식하면서 다른 교과와의 적극적인 통합적 노력을 통하여 STEM의 모형과 전략이 발전하였다. STEM 융합교육에 대한 지원과 정책은 과학기술과 예술의 상보성을 강조함으로써 미래 인재 육성과 창의적 융합 인재를 발굴하기 위하여 STEM 융합교육과정에 예술을 접목하는 융합적 사고의 중요성이 대두되었다. 또한 STEAM으로 발전된 것으로서 늦게나마 예술의 상상력과 창조력이 모든 교육 분야에서 얼마나 중요한가를 인식하기 시작하였음을 보여 준다.

특히 2006년 버지니아 주 기술교육협회장인 조지 야크만이 기존의 STEM에 예술(Arts)까지 포함시킨 STEAM이라는 개념을 내세우며 더욱 폭넓은 형태의 융합교육을 강조했다. 2007년 8월 「미국 경쟁력 강화 법안(America COMPETES Act)」에 따르면 STEM 분야 교사 양성 프로그램 및 초·중등학교 STEM 융합교육에 대한 지원이 강조되고 있다(NSB, 2007). 미국에서는 버지니아 폴리테크닉 주립대학교에서 대학원 기술교육 전공과정에 통합교육과정(Integrative STEM)을 개설하면서 본격적으로 프로그램 개발에 관련된 논의가 시작되었다. 마찬가지로 영국에서도 STEM 융합교육에 관련된 국가적인 정책을 세우고 이를 체계적으로 교육하고자 하는 움직임이 있다. 이에 교육과학기술부에서 2011년 STEAM(과학예술융합교육)을 강조하는 정책을 적극적으로 추진하기 시작하였다. 즉, 창의적인 과학교육을 위해서 과학·기술·공학 및 예술이 융합한 형태의 교육을 제시하였다. 이 융합교육은 이미 전 세계의 모든 분야에서 가장 핵심적인 주제로 논의되고 있고 선진국을 중심으로 과학교육에서 수십 년 만에 대폭적인 개혁이 이루어지고 있다. 기존의 각각의 학문 분야라는 틀에서 완전히 탈피하여 전체적인 입장, 즉 모든 예술과 인문사회 학문 영역이 과학·기술·공학의 시각과 관점에서 고려되고 있다.

한편 국내 STEAM 융합교육은 2010년부터 초·중등학교에서 창의적 융합 인재와 과학기술 인재를 체계적으로 양성하기 위한 것인데, 미국의 STEM 교육과 차별성을 두기 위하여 인문학적 배경의 예술 영역을 구체적이고 의도적으로 포함시켜 미래의 진정한 융합형 인재를 양성하는데 그 목적을 두고 진행되고 있다. 이처럼 예술 영역을 STEM에 포함시킨 것은 과학 · 기술 · 공학 · 수학의 학문 영역에 예술적 교육 기법을 접목하고자 하는 융합적 교육 방안으로 학생의 과학기술에 대한 흥미를 고취시키고 창의성을 신장시키기 위한 목적이 있다([그림 1-1] 참조). 이러한 STEAM 융합교육을 위한 구체적이고 실천적인 방안은 교육과학기술부에서 2011년 5월 31일에 발표하였으며 그 내용은 〈표 1-1〉과 같다.

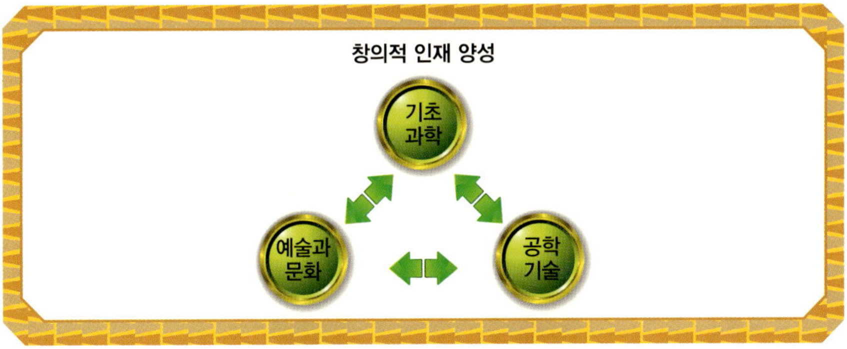

[그림 1-1] STEAM 융합교육 목표

〈표 1-1〉 STEAM 교과 교육과정 개편 방향

구분	개편 방향	사례
수학 · 과학	주입식, 암기식 학습 내용 대폭 감축	수학: 계산력, 속도 위주 → 문제해결력, 창의성 과학: 이론 위주 → 실험 탐구 확대
기술 · 가정	첨단 기술과 생활밀착형 기술 중심으로 개편	스마트폰, 위성, 초고층 빌딩 원리 학습 등
예술교육 연계	각 교과군별 예술적 수업 기법 적용	화학과 미술, 물리와 음악 팀티칭 모델 개발 및 보급 등

2. STEAM 융합교육을 위한 교육과정 재구성

교과 시간이나 창의적 체험활동을 활용함으로써 수업 시간 재구성, 블록타임 시간제 운영, 창의적 체험활동 재구성, 차시 통합을 통한 시수 확보 등 다양한 방법으로 STEAM 융합교육을 실시하기 위해서 교육과정을 재구성할 수 있다. 먼저 교육과정의 수업 시간을 재구성하기 위해서는 전북 옥봉초등학교 사례에서도 알 수 있듯이, [그림 1-2]와 같이 교과 32시간을 확보할 수 있다.

구분 \ 내용 \ 학년		6학년 2학기 배당 기준 시수				
		기준 시수	증감 시수	본교 기준 시수	STEAM 시수	본교 STEAM 시수
교과	수학	64	2	66	13	10
	과학	48	0	48	9	8
	실과	32	-3	29	5	4
	음악	32	0	32	6	5
	미술	32	0	32	6	5
계		208	-1	207	39	32

[그림 1-2] 수업 시간 재구성 방안(예시)

특히 창의적 체험활동을 재구성하기 위해서는 월 1회 STEAM 창의적 체험활동의 날을 지정하여 학년군별로 STEAM 융합교육을 운영할 수 있다. 또한 각 교과별로 차시 통합을 통해 시수를 확보할 수 있는 방안도 있다([그림 1-3] 참조).

순	단원명	학습주제	차시	재구성	비고
51	7. 정비례와 반비례	반비례의 활용	5/7	5/7	
52	7. 정비례와 반비례	단원 평가	6/7	6/7	차시 통합 (교과 내용 재구성)
	7. 정비례와 반비례	탐구활동	7/7		
53	STEAM 교육			4	시수 확보
54	8. 문제 해결 방법 찾기	그림을 그리거나 식을 세워 문제 해결	1/7	1/7	
55	8. 문제 해결 방법 찾기	거꾸로 생각하거나 식을 세워 문제 해결	2/7	2/7	
56	8. 문제 해결 방법 찾기	표 작성 또는 예상과 확인으로 문제 해결	3/7	3/7	
57	8. 문제 해결 방법 찾기	여러 가지 방법으로 문제 해결	4/7	4/7	
58	8. 문제 해결 방법 찾기	새로운 문제를 만들고 풀어보기	5/7	5/7	
59	8. 문제 해결 방법 찾기	단원 평가	6/7	6/7	
60	8. 문제 해결 방법 찾기	탐구활동	7/7	7/7	
61	STEAM 교육			5	시수 확보
62	STEAM 교육			6	시수 확보
63	STEAM 교육			7	시수 확보
64	STEAM 교육			8	시수 확보
65	STEAM 교육			9	시수 확보
66	STEAM 교육			10	시수 확보

[그림 1-3] 차시 통합을 통한 시수 확보 방안(예시)

〈표 1-2〉 STEAM 융합교육 연간 교육 계획안(예시)

교과	지도 시기	단원	차시	학습 주제	STEAM 융합교육 요소
수학	10월 1주	4.사각형과 사다리꼴	7/11	여러 가지 모양 만들기	M: 조각을 사용하여 여러 가지 모양 만들기 A: 도형판 조각을 활용하여 디자인하기
과학	10월 2주	2. 용해와 용액	6/10	물의 양에 따라 물질이 녹는 양	S: 물의 양에 따라 물질이 물에 녹는 양 알기 A: 요소 결정을 이용한 꽃나무 만들기

3. STEAM 융합교육의 교수-학습 방법

STEAM 융합교육에서 실시할 수 있는 수업 방법 중에서 원리(principle), 내용의 연계성(relationship), 상상력(imagination), 설계(design), 탐구(exploration) 등 〈표 1-3〉과 같이 정리할 수 있다(전영석, 2011).

〈표 1-3〉 STEAM 융합교육 수업 방법(PRIDE)

구분	수업 방법
원리	미래 핵심 기술과 관련된 수학 · 과학 · 공학적 원리를 실제 상황과 연관지어 맥락적으로 학습
내용 연계성	다양한 전문 분야의 서로 밀접한 관계와 유기적인 상호작용을 이해할 수 있도록 학습
상상력	상상력을 발휘하여 창의적인 사고력과 창의적 성향을 가질 수 있도록 학습
설계	실험 과정 및 장치를 설계하고, 자원 등 주어진 조건을 감안하여 문제의 해결 방안을 계획하고 조직하여 학습
탐구	탐구와 조사를 통한 문제를 해결하는 능력, 과학기술 분야의 진로 탐색, 전문가 업무 경험 및 이해, 전공 분야로의 진출 방안 모색 등 학습

이 외에도 STEAM 융합교육을 수업할 수 있는 방법은 STEAM 구성 요소 반영 방법, 교재 구성 접근 방법, 중심 영역 방법 등 〈표 1-4〉와 같이 정리할 수 있다.

〈표 1-4〉 STEAM 융합교육

구분	수업 방법	모형
구성 요소 반영 방법	STEAM 요소를 모두 반영하는 방법	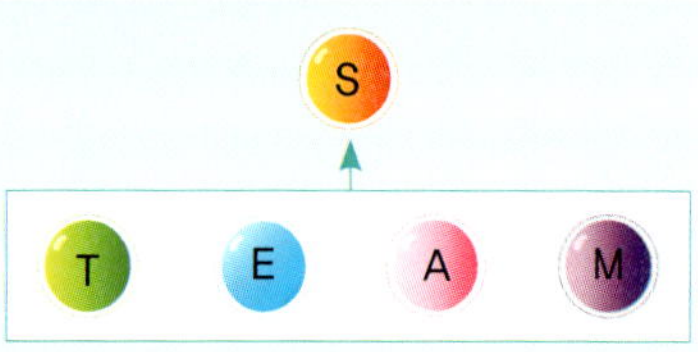

구성 요소 반영 방법	STEAM 요소를 일부 반영하는 방법	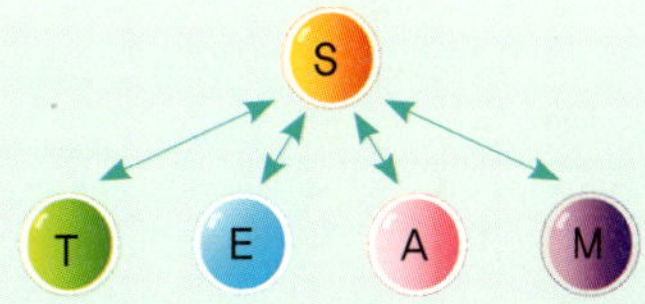
교재 구성 접근 방법	다양한 사례를 통해 과학적 개념을 설명하는 귀납적 방법	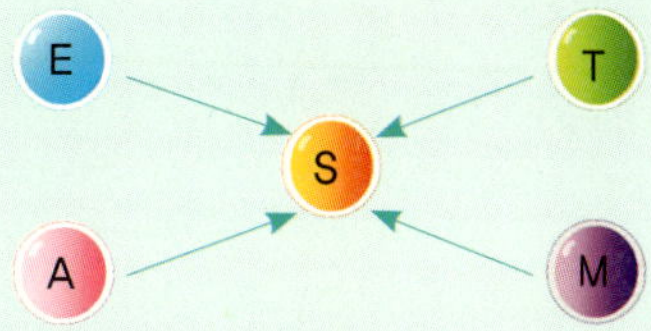
	과학적 개념을 설명하고 다양한 사례를 제시하는 연역적 방법	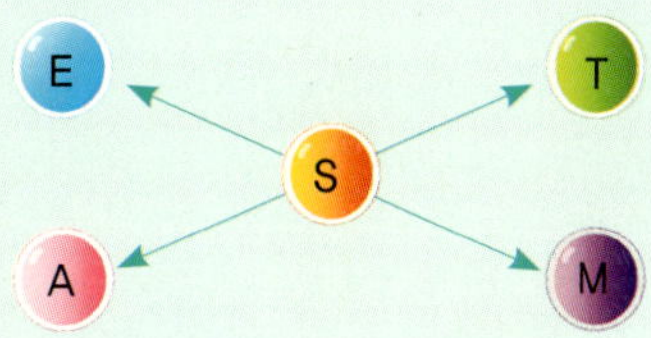
중심 영역 방법	중심에서 부분으로 나아가는 방법	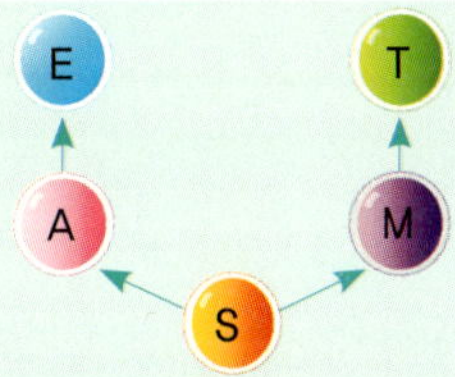
	부분에서 중심으로 나아가는 방법	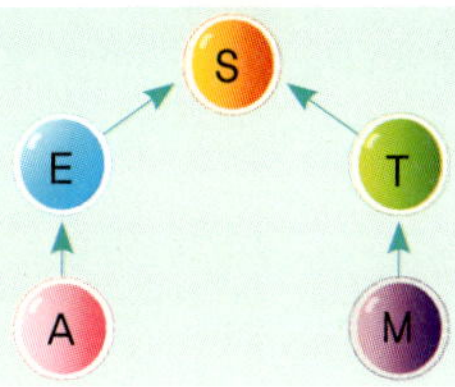

한편, STEAM 요소 중에서 두 가지 요소로 융합하여 수업을 실시할 수 있는 방안을 소개하면 〈표 1-5〉와 같다(김왕동, 2011).

〈표 1-5〉 STEAM 요소별 융합교육 수업 방법

구분	수업 방법	대표 사례
과학+미술	• 과학은 미술적 상상력과 시각화 원리 이용 • 미술은 과학적 발견과 원리 이용 • 과학자는 수식만으로 표현할 수 없는 자연현상을 미술적 표현 방식을 활용하여 시각화하고 미술가는 과학적 발견과 원리를 활용해 작품 소재와 기법으로 활용	• 리처드 파인만: 빛, 전자, 공간이 서로 상호작용하며 시공간을 움직인다는 가설을 일반인에게 쉽게 설명하기 위해 미술적 기법인 시각화 활용 • 파블로 피카소: 수학자 듀프레의 공식을 응용하여 4차원 공간을 2차원으로 표현하는 '큐비즘' 양식 발전
과학+음악	• 과학자는 음악적 감성과 상상력 활용 • 음악가는 과학적 발견의 아이디어를 활용	• 아인슈타인: 바이올린을 연주하며 상상력 고취 • 스트라빈스키: 과학적 방법의 핵심 원리인 관찰의 중요성을 강조하면서 주의 깊게 듣기
기술(공학)+미술	• 테크놀로지의 예술적 가능성 추구 • 비디오, 영상과학, 컴퓨터 소프트웨어 등을 활용하여 미술 작품 제작	• 비디오 아트:백남준의 '달은 가장 오래된 TV' • 인터렉티브 디지털 아트: 로미 아키튜브와 카미유 우터백의 텍스트 레인
기술(공학)+음악	• 현대 기술을 활용한 새로운 악기 제작 시도 • 전자 기술의 발전으로 만들어진 디지털 신디사이저와 컴퓨터 음악 하드웨어, 소프트웨어 등을 활용하여 전자 악기 제작	• 전자악기, 미디 디지털 포맷: 신시사이저, 소프트웨어 가상 악기 등 개발 • 컴퓨터 음악 저작 프로그램: 음원의 DB화를 활용하여 복사 및 변형을 통한 작곡 가능

4. STEAM 융합교육의 수업 사례

STEAM 융합교육을 활용한 수업 사례를 소개하면 [그림 1-4]와 같이 도식화할 수 있다. 중학교에서 '통기타 만들기'와 관련된 단원은 과학 8학년 빛과 파동, 기술 7학년 기술과 발명 및 8학년 전기와 전자, 수학 8학년 근사값과 오차 등이 있다.

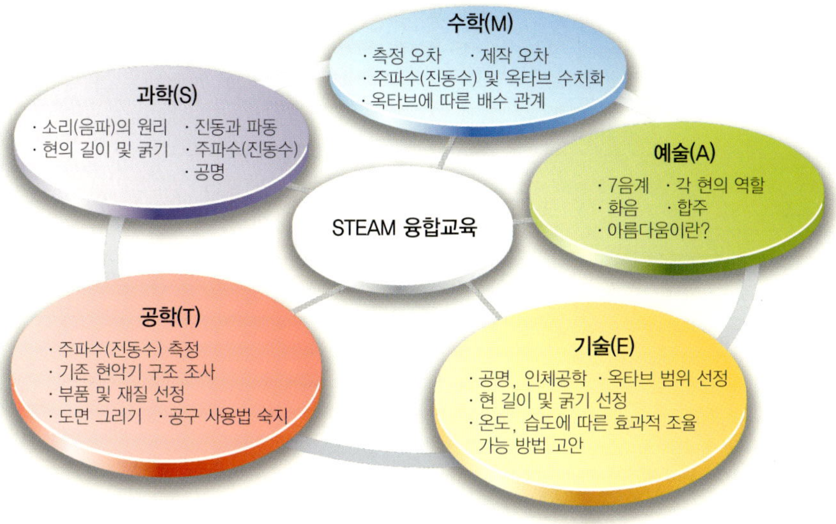

[그림 1-4] STEAM 융합교육 수업 사례

특히 이성희(2011)는 STEAM 융합교육은 과학과의 한 가지 학습활동과 연계하거나 두세 가지 교과와 연계하는 경우로 구분할 수 있다고 주장하였다(〈표 1-6〉 참조).

〈표 1-6〉 STEAM 융합교육의 결합 방법

구분		주제	관련 학년	목표	재료
과학과 한 가지 학습 활동과 결합	신체 활동	식물의 밀도와 자랑 이해하기	5학년	식물의 밀도와 자람의 관계를 신체 표현으로 이해한다.	신문지 2장
	음악	산성과 염기성의 성질	6학년	일상생활에서 쉽게 구할 수 있는 산성과 염기성 용액을 이용해 산성과 염기성의 성질을 알아본다.	주스, 사이다, 비눗물 등
	UCC	물에 의한 지표 변화 알기	4학년	지표가 변하게 되는 원인을 알고 물에 의한 침식, 운반, 퇴적 작용을 알아본다.	식빵, 포크, 접시

	북아트	여러 가지 씨앗 관찰하기	4학년	여러 가지 씨앗을 관찰하여 특징을 안다.	여러 가지 씨앗, 돋보기, 북아트
과학과 두세 가지 교과의 결합	음악 체육	물에 의한 지표 변화	4학년	침식 작용이 활발하게 이루어지는 경우를 안다	쌀, 콩, 리본 테이프, 리코더
	미술 기술	잎의 구조	5학년	잎을 관찰하여 잎의 구조를 설명할 수 있다.	잎, 크레파스, 도화지, 색한지
	수학 미술	생물의 생김새	3학년	도마뱀의 생김새를 관찰하고 반복성을 활용하여 아름다운 무늬를 만들 수 있다.	도마뱀 사진, 모눈종이, 색상지, 카메라

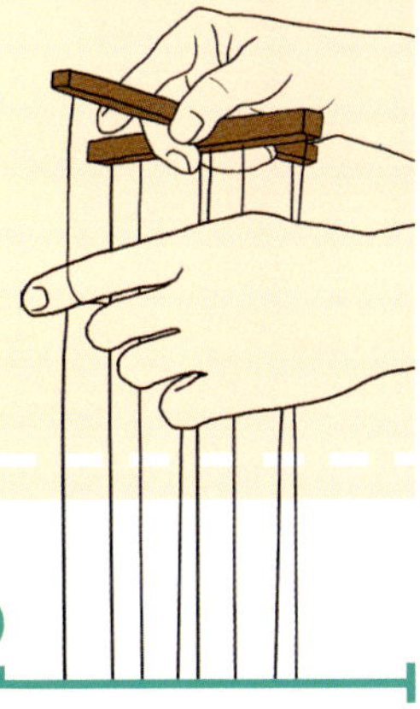

1 · 2

과학인형극 이해하기

1. 과학인형극의 필요성

교육과학기술부는 2011년 새해 과학 정책의 방향과 주요 추진사항에서 창의적 융합 인재 양성을 위해 초 · 중등학교 '과학 · 예술 융합교육(STEAM – Science, Technology, Engineering, Arts & Mathematics)'을 강화하기로 하였다. 즉, 과학기술에 대한 흥미와 이해를 높이고 융합적 사고와 문제해결 능력을 배양하기 위하여 초 · 중등학교 교육과정에 STEAM 교육이 강화된다.

초등학교 과학과는 국민의 기본적인 과학적 소양을 기르기 위하여 자연을 과학적으로 탐구하는 능력과 기본 개념을 습득하고, 과학적인 태도를 기르기 위한 과목으로 규정하고 있다. 즉, 과학과는 과학적 소양이라고도 일컫는 과학 지식, 과학 탐구, 과학적 태도 이 세 영역의 균형 있는 교육을 통해 올바른 자연관을 갖춘 민주 시민의 양성을 목표로 하고 있다.

그런데 과학 지식과 과학 탐구, 과학적 태도를 균형 있게 교육하기란 쉽지 않다. 수업에서 학생의 사고를 자극하고 탐구 능력을 길러 주는 것에만 그치지 않고 다양한 활동과 경험을 하게 함으로써 호기심을 유발할 수 있는 그 무엇이 필요하다. 특히 학생이 관심과 흥미를 느낄 수 있을 만한 마땅하고 매력적인 프로그램이 있다면 그 효과는 크다.

이에 좋은 아이디어 한 가지가 있다. 바로 인형극이다. 인형극이란 연극의 한 형태로 무대에 사람이 아닌 인형이 출연하여 공연하는 것을 말한다. 즉, 인형을 만들어서 의상을 입혀 손가락이나 실을 이용하여 동작하게 하고, 인형을 조종하는 사람들이 숨어서 대화를 하는 형식의 극을 말한다.

인형은 사람처럼 움직일 수는 없으나 극 중에서 사람이 할 수 없는 동작을 할 수 있다. 예를 들어, 인형의 상징성과 신비스러운 표현을 살려 하늘을 날고, 코나 귀가 움직이는 동작, 마술을 부리는 동작을 할 수 있다. 인형만의 제한성과 특수성을 이해하고, 그 특성을 잘 살릴 수 있는 인형극의 장점을 활용한다면 과학교육에 새로운 활력소가 될 수 있다.

2. 과학인형극의 이론적 배경

1) 인형극

(1) 인형극의 의미

최근에 와서 인형극(Puppetry)은 교육, 언어 발달, 상담, 정신건강, 치료, 극, 음악, 오락 및 광고 등에 이르기까지 그 활용에 더욱더 많은 관심을 받고 있다.

인형극에는 다양하고 풍부한 역사가 있다. 인형극은 인류가 시작되면서부터 그 근원을 찾아볼 수 있다. 하지만 처음에는 예술이나 교육적 차원에서 시행된 것이 아니고 신앙의 대상이나 재앙을 물리치기 위한 주술로서 사용되었으며, 극의 형태를 갖추고 무대에 인형극으로 등장한 것은 10세기 경 인도에서 공연되었던 극중에서 찾아볼 수 있다. 아동극으로서 인형극의 사용은 비교적 새로운 현상으로 18세기에 들어와서 도입되었다. 학교 교육에서는 20세기에 와서야 그 교육적 가치를 깨닫고 활발하게 활용하였다.

인형극(Puppetry)이란 극화활동의 한 형태로서 무대에 사람이 아닌 인형(Puppet)이 등장하여 연기하는 극예술이다. 전조작기 유아는 물활론적 사고를 하기 때문에 인형은 단순한 물체가 아니라 하나의 놀랄 만한 마술적인 힘을 지닌 것으로 상상하여 인형의 세계에 몰입할 수 있게 된다.

인형극은 교사에게 아동학습을 돕는 데 특별히 효과적인 도구로 사용할 수 있다. 아동은 인형에 매료되어 인형의 외견상의 매력을 쉽게 받아들인다. 인형극은 상상의 세계에 속해 있으므로 창의적이고 상상적인 사고를 하도록 돕고 문제해결을 돕는다(Smith,1979).

또한 인형극은 환상 안에서 이루어지기 때문에 현실을 상징적으로 표현할 수 있게 해 준다. 하나의 물체에 지나지 않는 인형은 그것을 움직이는 인형조종자(Puppeteer)가 움직임과 대사를 불어 넣어 극적 환상으로 이끌게 된다. 즉, 인형극에서 인형은 그 자체가 말하고 움직이는 것 같다. 아동은 자신의 삶과 갈등을 인형에게 투사시켜 재구성하여 표현하고, 시 · 공간적 제약을 받지 않고 창의적으로 사고할 수 있도록 한다.

교사는 아동의 세계에 들어가기 위해 인형을 사용할 수 있는데, 인형을 사용하는 교육적 접근 중 하나는 아동의 참여뿐만 아니라 교사의 계획과 기능을 강조하는 접근이다. 여기서 교사는 무대 뒤에서 극을 제시하는 인형극 조종가(puppeteer)로서, 무대 앞에 앉아서 아동과 인형 간의 상호작용을 촉진하는 촉진자(facilitator)로서 역할을 한다. 아동은 발생하는 문제에 대해 자신의 의견을 제시함으로써 인형과 상호작용할 수 있다. 인형은 도움을 요청하고 아동과 동의하거나 반대하며 아동의 제안에 관해 의견을 제시함으로써 반응한다(김현경, 1993; Smith, 1979). 이러한 인형극을 사용한 상호작용 접근은 특별히 아동에게 사회적인 문제해결 기능을 개발하고 그 가치를 명확하게 하도록 돕는 강력한 접근이다(김인숙, 한애향, 1992; Smith, 1979).

인형극을 통한 상징놀이는 개인의 어떠한 표현과 시도에 대해 안전하면서도, 실수에 대해 책임을 져야 하는 두려움 없이 어떤 행동이든 해 볼 수 있게 해 준다. 즉, 인형과 의사소통한다는 느낌이 강하기 때문에 인형에 의해 저질러진 잘못은 아동보다도 인형의 탓으로 돌리게 되고 아동은 그저 전달자에 지나지 않을 뿐이다. 이러한 방법은 심리적으로 아동이 어떤 생각이나 감정을 표현하는 데 훨씬 더 쉽고 안전하게 한다.

학급에서 가장 광범위하게 일어나는 인형극의 활용은 극과 예술에서 일어난다. 미술실에서 인형극은 다양한 소 근육 기능을 조합할 수 있는 독특한 기회를 제공한다. 다양한 인형의 종류 때문에 인형극을 모든 종류의 프로그램에서 유아에게 지칠 줄 모르는 도전과 창의성의 원천이 되도록 한다. 특히 아동 자신이 인형을 만드는 것은 아주 중요한데, 이것은 수업에 대한 표현 가능성과 흥분을 높여 준다. 또한 수업이 개별적이 되도록 해 주고 보다 철저하게 수업에 몰두하게 해 준다. 이러한 경우에 중요한 것은 인형을 사용하면서 일어나는 학습이지, 훌륭한 완성품이 아니다. 인형극 만들기를 계획하는 데 중요한 사항은 모든 학생이 성공적이어야 한다는 것이다.

인형극은 피아제(Piaget)에 의해 제시된 문제해결기능을 교사의 인형 활용을 통해 향상할 수 있고, 아동의 물활론적 사고와 직관적 사고 특성 때문에 아동은 인형을 활용한 수업에 완전히 매료된다. 또한 인형극은 스키너의 행동수정이론에 의해 주장된 정적 강화의 보상 수단으로 제공

될 수 있고, 브루너가 주장한 것과 같은 교사, 아동, 인형 간의 사회적 상호작용을 통해 질문과 대답을 하면서 지적 발달이 촉진될 수 있다. 가네의 학습이론은 다양한 학습매체를 활용할 것을 강조하면서 다감각을 활용할 수 있는 교수매체를 사용할 것을 강조하였는데 인형극이야말로 적절한 교수매체가 된다.

부끄러움이 많은 아동은 자신보다는 인형에게 초점이 맞추어지기 때문에 인형극에 자주 참여한다. 인형을 통해 말함으로써 아동은 표현하기를 꺼려하거나 지금까지 전혀 표현하지 않았던 감정을 자주 표현한다. 특히 주의 집중 시간이 짧고 학습의 자발성이 부족한 특수아동에게서 동기유발을 극대화하고 적극적으로 학습에 참여하도록 인형이 도와줄 수 있어 더욱 효과적이다(김삼성, 1995).

(2) 인형극의 교육적 가치

스미스(1979)는 인형을 다음과 같은 이유에서 특히 유용한 교수 도구라고 결론지었다.

첫째, 아동은 인형에 의해 매료되고 생명을 부여해 주는 외적 신비를 쉽게 받아들인다.

둘째, 인형은 상상의 세계다. 왜냐하면 아동은 상상적이고 창조적으로 생각하도록 인형을 통해 격려받기 때문이다.

셋째, 인형은 문제를 해결하기 위한 아동의 능력을 길러 준다.

넷째, 성인은 교육적 유용성을 감소시키지 않고 아동의 세계에 들어갈 수 있다.

다섯째, 아동은 인형극 조종자가 교육적 공연에서 청중과 관련 있을 때 소극적인 학습자보다 적극적인 학습자가 된다.

여섯째, 인형극 조종가는 인형이 의사소통하려 한다는 것을 명확하게 함으로써 상호작용전략에서 결정적인 역할을 한다.

일곱째, 인형의 사용을 통한 상호작용적 접근은 아동으로 하여금 자신의 가치를 명확하게 하도록 돕고 대인관계 형성에 민감성을 개발하도록 한다.

여덟째, 인형은 아동이 대인적인 문제해결과 정서적인 결과를 검토하도록 도움으로써 사고기능을 격려할 수 있다. 여광응과 김삼성(1998)은 인형극은 상징놀이를 촉진해 주고, 장애아동의 창조적 능력을 개발해 줄 수 있으며, 정서발달을 돕는 새로운 대안적 교수매체가 될 수 있다고 주장하였다. 더불어 문제해결기능과 새로운 탐색과 통찰을 가능하게 할 뿐만 아니라 장애아동의 특성에 적합한 매체이고, 살아 있는 타당한 교수매체가 될 수 있다고 주장하였다. 또한 인형극은 여러 학습이론에 비추어 볼 때 교수-학습 과정을 이끌어 가는 데 아동의 직관적 사고, 상징적 사고, 물활론적 사고 특성상 인형극을 통한 학습에 적극적으로 참여하게 하고, 동기유발 수단으로 제공될 수 있고, 교사, 인형, 아동 간의 상호작용을 통해서 질문전략이론에도 효과적으로 사용할 수 있다. 인형극을 장애아동 교육 프로그램 속에 포함시키는 것은 혁신적인 시도가 되며, 인지적 영역, 정의적 영역, 심리-운동적 영역에서 인형극을 통해 기를 수 있는 특정 기능은 아주 다양하다고 결론지었다.

2) 교육연극

(1) 교육연극의 의미

교육연극(educational theatre)은 연극을 교육 방법의 매개로써 교육과정에 응용 · 활용하여 교수 효과를 극대화하는 데 목표를 둔 교육 방법 또는 연극 방법이다(민병욱 외, 2000). 수업에서 제시하는 학습 목표를 달성하기 위하여 연극교육의 매체로서 활용하는 것을 말한다(박지영, 2003). 행위자와 감상자가 구분되어 있지 않으며, 연극을 만드는 과정에서 생기는 교육적 효과와 그 결과에 대한 분석과 이해를 통해 발생하는 교육적 기능을 중시한다(남효진, 2006). 따라서 교육연극은 공연을 중심으로 하는 전문 연극(Professional Theatre)과 다르며, 연극 자체를 교육하여 연극을 목적으로 하는 연극교육(Theatrical Eduaction)과도 구별된다.

교육연극이 일반 연극과 다른 가장 큰 차이점은 학생이 세상에 대한 지각력을 자유롭게 행동으로 표현할 수 있도록 창조적 상상력을 기반으로 즉흥성을 강조하면서 공연된 결과보다는 비공개적 과정을 중시한다는 것으로, 공연 과정이 정해진 대본으로 일관하지 않는다(민병욱 외, 2000).

교육연극에서 교사의 역할은, 첫째로 학생의 관점에서 사물을 바라보면서 학생과 협의하여 개인적 · 사회적 욕구를 진단하고, 둘째로 학생에게 그 욕구를 충족할 수 있는 다양한 활동을 기획하고 수행하게 하는 것이며, 셋째로 교육연극 공연이 학생이 욕구 충족을 효과적으로 수행했는지 평가하는 것이다(박지영, 2003).

(2) 교육연극의 유형

교육연극의 주요 유형으로는 극화 활동극(DIE), 공연 활동극(TIE), 창작 과정극(Creative Drama)을 들 수 있다(민병욱 외, 2000).

극화 활동극은 학교연극이면서 공연은 하지 않지만 교사와 학생 간의 비교적 짤막하고 다양한 드라마 작업이 주를 이루고 교실에서 간단한 소품과 의상까지 갖추어 발표까지 할 수 있다. 간단한 워밍업부터 시작해 드라마틱 게임, 즉흥적 · 가상적인 역할놀이 등의 방법을 통해 자기표현 등으로 훈련함으로써 개성 발달을 도와주며, 사회적인 기술을 습득하게 한다.

공연 활동극은 전문 연극인이 교육의 목적을 위하여 연극을 교실로 가져온 것이며, 어떤 어린이가 처한 특별한 상황이나 문제를 보여 주는 과정에서 관객을 극에 참여시킴으로서 완성되는 교육연극의 형태다.

창작 과정극은 즉흥적이고 비공개적이며, 과정에 중심을 두는 드라마 형태다. 미리 준비된 대본이 없으며, 공연의 목적을 관객의 만족에 두지 않고 작품의 예술적 완성에도 두지 않으며, 참여자의 지적 · 정신적 발달에 둔다.

(3) 교육연극의 교육적 가치

김창화(2003)는 연극의 교육적 가치로 창작 과정상의 협동과 과정 존중, 표현 수단으로서 언어 사용 능력 신장, 정서교육 효과, 연극의 소재에 따른 지식교육을 들었다.

최영애(1999) 역시 연극적 방법이 탐구와 표현에 자연스럽고, 통합적인 독특한 교육 수단을 제공할 수 있다는 점을 고려하여, 초등학교에서의 연극교육은 단지 권장사항이 아니라 필요한 교육과정으로 인식되어야 한다고 주장하였다.

정영희(1998)는 교육연극의 효과로 창의성 발달, 사회성 발달, 교과 학습 능력 향상을 들고 있다. 연극놀이 활동을 통하여 여러 사건, 인간관계 및 여러 정서를 연습해 보는 기회를 가짐으로써 다양한 관점을 경험하게 되고, 이러한 과정을 거치면서 아이들은 다양한 개념을 더욱 잘 이해하게 된다. 이에 따라 일상적인 인식의 틀을 깨뜨리고, 현실에 대하여 새로운 관점을 취할 수 있는 능력, 즉 창의성을 기르게 된다.

'밝은 음색으로 타인에게 잘 들릴 수 있도록 말하기' 능력을 향상시키는 활동으로 언어 능력과 의사소통 능력 향상을 가져올 수 있고, 아이는 연극놀이라는 집단활동을 통하여 자신의 생각을 상호 교환하고, 자신의 행동을 계획 및 타협하며, 자신의 작업을 반영해 보는 기회를 가지게 되어 인성 개발 및 사회화교육도 될 수 있다.

또한 교사가 연극을 학습활동에 활용하여 인지적 영역, 정서적 영역, 신뢰감 등에 대한 전반적인 영역을 통합하는 방법으로써 도입하여 교과 학습 능력을 향상할 수 있다.

3) 과학연극

(1) 과학연극의 의미

윤혜경 등(2005) 과학교육에서 연극 활용의 필요성을 '학습자의 다양성을 고려하는 측면' '통합교육의 측면' '과학교육 목표 달성을 위한 효과적인 매체라는 측면'의 세 가지 점에서 다음과 같이 나타내고 있다.

학습자의 다양성을 고려한 측면에서 보면, 과학연극(science drama)은 많은 학생이 선호하는 '연극'이라는 방법을 사용하여 좀 더 재미있는 방식, 좀 덜 권위적인 방식으로 많은 학생을 참여하게 할 수 있는 능동적인 접근 방식일 수 있다. 그 외에도 학생은 지능, 언어 능력, 흥미나 동기, 사회성, 배경 문화 등이 서로 다르며 교사는 이러한 차이점을 좀 더 존중하여 모든 학생이 자신의 잠재 능력을 최대한 발휘하고 교육과정에 접근할 수 있도록 도와야 한다. 교사가 교수 방법에서 다양성과 융통성을 갖출수록, 이러한 학생의 다양성을 보다 충족해 줄 수 있다는 관점에서 보면 과학연극은 과학 교수-학습 방법을 다양화하여 보다 많은 학생이 과학교육과정의 목표를 달성하도록 돕는 역할을 할 수 있다.

통합교육의 측면에서 보면, 일반적으로 통합교육은 자연히 '상황'이나 '문제'를 중심으로 교육과정을 구성하게 되지만, '상황'이나 '문제'를 중심으로 하는 통합적인 접근 방식은 학생이 그에 필요한 내용 지식과 기능을 어느 정도 습득하고 있지 않으면 문제해결과 계속적인 학습이 어렵다. 종합매체인 연극은 다른 교과목과의 연계를 촉발할 수 있는 요인이 많기 때문에 여러 교과 통합의 측면에서 그 의의를 살펴볼 수 있다.

과학교육 목표 달성을 위한 효과적인 매체라는 측면에서 보면, '연극'이라는 교육 매체를 통해 좀 더 효과적으로 추구할 수 있는 과학교육의 목표 중 대표적인 것은 최근에 과학교육의 중심 목표로 일컬어지는 '과학적 소양'에 필요한 과학 본성의 이해 및 과학-기술-사회 상호관계의 이해일 것이다. 사실의 직접적인 전달보다는 그와 관련된 의미 있는 경험을 통해 이해가 심화될 수 있으며, 학생은 연극에서 맡은 역할과 대사를 소화하는 과정에서 그러한 의미를 경험적으로 보다 깊이 이해할 수 있다.

(2) 과학연극의 유형

과학연극의 유형은 목적, 공연을 준비하고 행하는 주체, 구조화된 정도 등 기준에 따라서 다르게 분류된다. 윤혜경 등(2005)은 학교에서 과학교육을 위해 활용할 수 있는 과학연극의 형태를 다음과 같이 정리하였다.

공연극은 대부분 교사나 전문가에 의해 준비된 대본이 주어지고 학생이 연기 연습을 통해 특정한 사건을 연기하는 것이다. 청중이나 관람 학생을 이해시키거나 감동시키는 데 일차적인 목적이 있는 경우에 활용할 수 있다.

소리극은 대본이 주어지며 등장인물의 행동이나 연기를 필요로 하지 않는 극의 형태로 청중이 그 속에서 벌어지는 행동이나 움직임을 상상하도록 한다. 역할을 맡은 학생이 감정을 넣어 큰 소리로 대본을 읽도록 하며 주어진 대본을 외우는 것은 전혀 필요하지 않다.

창작극은 공연극과 같이 청중 앞에서 공연을 위해 다소의 연기 연습이 필요하다. 다른 점은 학생이 교육적인 과정을 통하여 직접 연극의 대본을 창작하는 것이다. 대본을 작성하기 위한 조사활동, 토론활동이 주요 학습과 연계될 수 있다.

역할극은, 상황에 대한 간략한 소개나 정보가 주어지면 참가자는 자신이 포함해야 할 개념과 문제의 범위에 대해 지침을 받아 주어진 역할의 연기를 수행하는 것이다. 대본은 주어지지 않으며 개인 혹은 모둠별로 주어진 역할의 대사를 즉흥적으로 만들어야 한다.

즉흥극은 극으로 표현해야 할 과제나 상황만 주어지고 배역의 수나 기타 모든 사항을 학생이 즉석에서 결정하는 것이다. 과학적 과정이나 개념을 분명하게 하기 위해 학생이 즉석에서 줄거리를 만들어 연출해 내거나 몸짓 등으로 표현하는 것을 예로 들 수 있다.

윤혜경 등(2004)은 내용과 소재에 따라 과학연극을 과학적 사실이나 개념의 이해를 위한 '과학 개념 연극', 과학자의 일대기를 다룬 '과학 인물 연극', 과학사의 주요 사건을 소재로 한 '과학사 연극', 과학기술과 관련된 사회적 문제를 소재로 한 '과학 논쟁 연극', 과학을 소재로 한 예술적 표현에 강조를 둔 '과학 표현 연극'으로 구분하기도 하였다.

(3) 과학연극의 교육적 가치

조민아(2007)는 과학연극 수업이 초등학생의 학업성취도, 과학 태도, 학습 지속도에 유의미한 효과를 나타낸다고 하였다. 학생은 과학연극이 다른 학습 방법보다 재미있으며, 다소 어려운 과학 개념이 보다 쉽고 기억에 오래 남아 과학 학습에 도움이 된다고 하였다. 또한 과학 수업에 집중하여 적극적으로 참여하고 과학에 흥미와 관심을 가지게 하는 데도 전통적 수업 방법보다 효율적이라고 하였다.

윤혜경 등(2004)은 과학연극이 일반 수업에서는 다루기 어려운 내용이나 주제를 연극을 통해 이해하기 쉽게 다룰 수 있으며, 연극 준비 과정에서 유발된 학생의 흥미와 적극성을 수업에 쉽게 전이할 수 있다고 보았다. 그에 따른 촉진된 이해는 학습에 대한 자신감을 제공할 수 있고, 수업매체로서 연극에 대한 이해를 교사에게 제공할 수 있다고 하였다.

나지연(2005)은 과학연극 수업은 과학 본성에 대한 학생의 인식을 현대적 관점으로 변화시키거나 지속시키는 데 효과가 있으며, 연극을 연습하는 동안 연극에 출연한 학생의 태도가 매우 긍정적으로 변했고, 학습태도나 자신감 등에서도 변화가 있다고 하였다.

3. 과학인형극의 정의

1) 과학인형극의 의미

김형섭(2011)은 과학인형극을 과학적인 내용을 소재로 한 인형극으로 정의하였다. 우리는 과학을 인형극 속에서 기술·공학과 어우러져 예술적 형태로 즐기기 위한 공연물을 과학인형극이라 한다.

과학인형극은 기존 인형극에 과학·기술·공학 등을 접목시켜 학생의 과학기술에 대한 흥미와 이해를 높이고 융합적 사고와 문제해결 능력을 배양할 수 있는 융합 공연이다.

2) 과학인형극의 유형 구분

과학인형극은 관객의 참여 정도, 극의 주체에 따라 구분해 볼 수 있다. 관객의 참여가 제한적이고 이야기 중심으로 진행되는 것을 스토리형으로 볼 수 있고, 극 중간에 관객의 참여를 통해 진행되는 것을 콘서트형이라 할 수 있다. 또 인형의 준비, 진행, 공연을 학생이 주도하는 학생 주도형과 교사가 주도하는 교사 주도형으로 구분해 볼 수 있다.

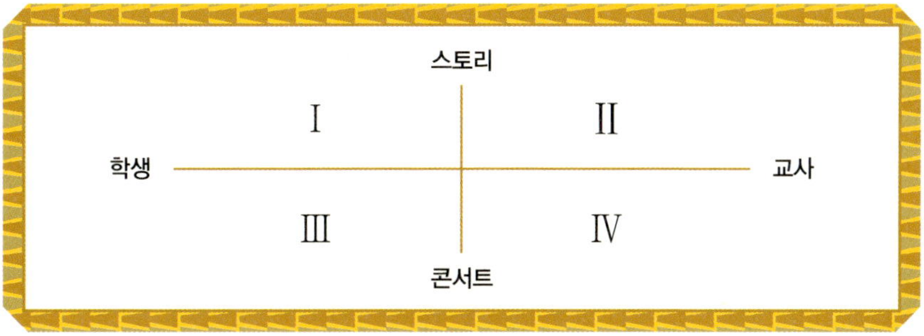

[그림 2-1] 과학인형극의 구분 기준

3) 과학인형극과 STEAM 교육

김진수(2012)는 STEAM 유형을 한 가지 교과를 중심으로 다른 교과를 융합하는 C-STEAM(연계형), 주제 중심으로 여러 교과를 융합한 I-STEAM(통합형), 창의적 체험활동처럼 하나로 완전히 융합된 F-STEAM(융합형) 세 가지로 분류하였다.

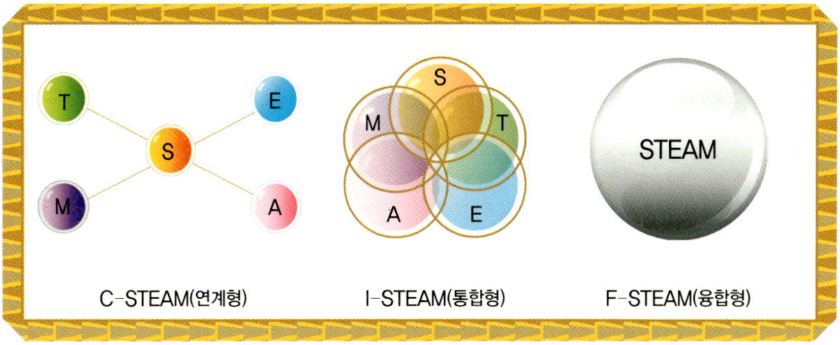

[그림 2-2] STEAM 유형의 분류(김진수, 2012)

과학인형극 속 STEAM 요소를 분석한 결과 다섯 가지 요소에 골고루 융합되어 있는 F-STEAM(융합형) 유형에 해당한다고 할 수 있다.

〈표 2-1〉 과학인형극 속 STEAM 요소

STEAM 요소	과학인형극 구성 요소
Science	과학실험 세트 만들기, 인형 만들기
Technology	무대 제작하기, 인형 만들기
Engineering	음향 제작하기, 공연 효과 만들기
Arts	대본 작성하기, 소품 만들기, 연기 연습 , 공연하기
Mathematics	소품 만들기, 인형 만들기, 무대 제작하기

4) 과학인형극의 교육적 가치

과학인형극은 STEAM의 5가지 요소가 완전히 융합되어 진행되는 융합 공연으로 다음과 같은 교육적 가치가 있다.

첫째, 과학인형극은 학생의 과학 흥미를 유발하고, 수업에 대한 긍정적인 생각과 더불어 과학에 대한 자신감 및 효과성을 이끌어 낸다.

둘째, 과학인형극은 학생의 학업 성취도 면에서 유용한 자료가 된다. 과학인형극은 그 특성상 다양한 과학적 개념을 일정한 스토리 안에서 인형 간의 익살맞은 대화와 행동 그리고 적절한 자료를 통해 보여 준다. 이는 초등학생의 발달 단계에서 학습지나 단순한 화면을 통해 보이는 자료보다 더욱 직관적이며, 기억의 파지 효과를 높이고 공연 속에서 과학적 개념을 이야기 형식에 녹아내기 때문에 학생에게 긍정적 영향을 끼친다.

셋째, 과학인형극은 학생의 소통과 배려심의 향상에 긍정적 영향을 끼친다. 공연을 준비하는 과정을 통해 평소 친구에게 말하지 못했던 사실이나 감정을 인형이라는 간접적 수단을 통하여 표현하는 모습을 발견할 수 있고, 공연에 대한 자신감이 없거나 대본을 표현하는 데 어려움을 느끼는 학생에게 무대 안에서 학생이 하나 되어 서로 도울 수 있다. 이는 공연을 준비하고 하는 과정이 혼자의 힘으로 할 수 없으며, 결국 서로 도와야 하는 자연스러운 상황 속에 놓이기 때문이다.

넷째, 과학인형극은 학생마다의 개성을 표현할 수 있고 창의성의 향상을 불러올 수 있다. 대본에는 쓰여 있지 않으나 학생 저마다의 개성을 살린 후렴구나 인형의 독특한 행동을 만들어 내며 창의성을 발휘할 수 있는 자연스러운 환경에 노출된다.

제2부

과학인형극 제작

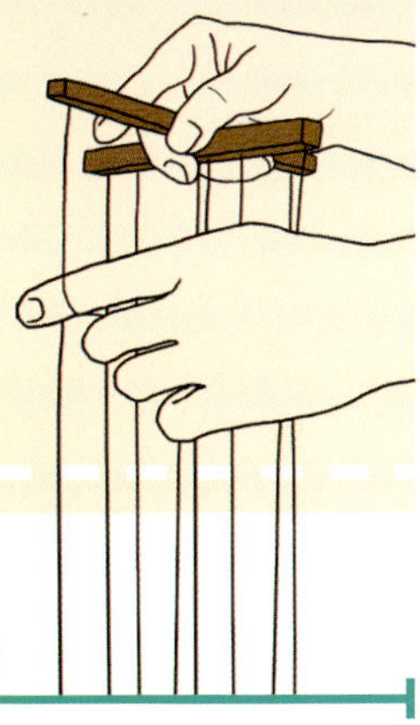

대본 작성하기

1. 대본의 개념

대본이란 예정적인 줄거리를 말하며, 시나리오(Scenario), 극본, 각본, 희곡이라고도 한다. 인형극과 관련된 모든 사항에 대하여 세밀한 부분까지 어떤 형태로 이야기를 만들어 나갈 것인가 하는 것에 대한 약속이다.

음식으로 표현한다면 대본은 음식의 주재료라 할 수 있으며, 이 재료에 어떤 양념을 넣어 어떻게 먹음직스럽게 담아 내놓느냐 하는 것은 연출이다. 대본은 지문, 대사, 독백, 방백, 해설로 구성된다(김성연, 1992).

- 지문은 등장인물의 동작, 표정, 장면, 효과음악, 음향 등을 설명하는 글로서 대개 괄호 안에 넣어 표시한다.
- 대사는 등장인물이 무대 위에서 하는 말인데, 간결하고 아름다워야 하며 행동을 나타낼 수 있어야 한다.
- 독백은 한 명의 등장인물이 관객 앞에서 혼자 말하는 것이다.

- 방백은 한 등장인물이 상대에게는 들리지 않는다는 가정하에 관객 앞에서 혼자 이야기하는 것이다.
- 해설은 상황이나 사건의 흐름, 등장인물의 감정 등을 간결하게 관객에게 설명하는 것이다.
- 대본을 작성할 때는 이야기의 전개가 기, 승, 전, 결로 구성되어야 한다. 또한 해설은 간단해야 하며, 대신 장면의 변화나 행동의 묘사를 대사에 나타나도록 한다.

인형극의 특성상 극의 완성도를 높이기 위해 좋은 대본이 꼭 필요하다. 좋은 대본이 되기 위해서는 다음과 같은 사항을 고려해야 한다(안정희, 1989).

1) 대담한 생략

대사나 동작 등을 짧은 시간에 압축 처리하여 배경을 전환시키는 것은 인형극이 지니고 있는 특징 중에 하나다. 지나치게 길게 묘사하여 강조하고자 한다면 오히려 관객을 지루하게 할 수 있다.

2) 반복적인 재미

대사나 동작을 반복함으로써 웃음을 자아내게 하는데, 이러한 요소는 희극적인 성격에 부합된다.

3) 캐릭터 인형

유아가 흥미 있어 하는 미키마우스, 둘리, 포켓몬스터 등 인기 있는 캐릭터 인형을 등장시켜 극을 설명하거나 진행하게 함으로써 학생의 주의를 집중시킬 수 있다.

4) 마술 같은 깜짝쇼

모자 속에 집어넣은 손수건 한 장이 하얀 비둘기가 되어 날아간다거나 하는 묘사는 학생에게는 놀라움을 선사할 것이다.

5) 풍자, 비약

사람이 등장하여 과장되게 표현하면 밉살스럽게 보일 수 있으나 인형이기 때문에 앙증맞고 싫증 나지 않을 수 있다. 예를 들어, 거북이의 목이 밖으로 길게 나왔다 아주 짧게 들어간다거나 인형의 입이 담배를 피운다거나, 코에서 연기가 솔솔 피어난다거나 하는 표현이다.

6) 간결하고 리드미컬한 대사

인형은 사람이 아니기 때문에 얼굴을 통한 표정 연기가 불가능하다. 대신 동작이나 간결하고 리드미컬한 대사와 비약된 언어적 표현으로 내용 전달을 해야 한다.

7) 인형의 등장 및 퇴장

등장인물이 너무 많으면 관객의 혼란을 야기할 수 있으므로 등장인형의 수는 최소화하고, 무대의 크기를 고려하여 적절하게 등장, 퇴장시킨다.

8) 등장 인형의 특징

인형은 서로 비슷하게 보일 수 있으므로 전체적인 모양이나 크기, 색깔, 의상 등을 달리하여 특징이 드러나게 한다.

2. 과학인형극 대본 개발

과학인형극 프로그램의 가장 핵심은 대본 개발이다. 대본을 통해 인형극의 재미와 과학의 신비로움을 구성해 낼 수 있기 때문이다. 과학인형극이 학교 현장에서, 특히 과학 수업 시간에 학생이 직접 공연할 경우 대본 속에 과학과 교육과정에 제시되어 있는 학습 목표가 잘 반영되어야 한다. 초등학교 과학과 4학년 1학기 3단원 '식물의 한살이' 교재 분석을 통해 과학인형극 '강낭콩섬 탈출기' 대본 개발 사례를 제시하고자 한다.

1) '강낭콩섬 탈출기' 초안 개발

(1) '강낭콩섬 탈출기' 줄거리

주인공인 강돌이와 강순이가 바다에서 태풍을 만나 강낭콩섬에 도착하여 강낭콩섬을 지키는 강낭콩병정을 만나게 된다. 강돌이와 강순이가 강낭콩섬을 빠져나가기 위해서는 강낭콩에 대해 모든 것을 알고 있어야 한다. 강낭콩병정은 강돌이와 강순이가 강낭콩의 여러 가지 지식을 알 수 있도록 도와준다. 그런데 강순이가 그만 이웃섬에 있는 호두왕자에게 납치를 당한다. 납치당한 강순이를 데려오기 위해서는 식물의 한살이에 대한 문제를 맞추어야만 한다. 강돌이는 강낭콩병정의 도움을 받아 강순이를 구출시키고 강낭콩섬을 탈출하게 된다.

(2) 등장인물 설정

'강낭콩섬 탈출기'에 등장하는 인물은 〈표 3-1〉과 같다.

〈표 3-1〉 등장인물 설정

등장인물	인물 소개
개골이	과학인형극의 시작과 끝을 안내하고 해설을 맡는다.
강돌이	남자주인공. 차분하고 똑똑하여 문제를 잘 해결한다.
강순이	여자주인공. 콩돌이의 친구이며 급한 성격이다.
강낭콩병정	강낭콩섬을 지키는 병정. 식물에 대한 지식이 해박하고 강돌이와 강순이의 탈출을 돕는다.
호두왕자	호두섬의 왕자. 강순이를 납치한다.

(3) 학습 목표와 관련된 '강낭콩섬 탈출기' 대본 내용

학습 목표와 관련된 '강낭콩섬 탈출기' 대본 내용은 〈표 3-2〉와 같다.

〈표 3-2〉 학습 목표와 관련된 대본 내용 일부 제시(김형섭, 2011)

차시	학습 목표와 관련된 대본 내용	
1/11	학습 목표	한살이를 관찰하기에 적합한 식물을 알아봅시다.
	대본 내용	강낭콩병정: 그렇다면 다른 식물에 비해 우리 강낭콩을 키우면 좋은 점이 뭐가 있지? 강순이: 응. 다른 식물에 비해 빨리 자랐어. 열매인 콩도 빨리 열렸지. 강낭콩병정: 그렇지. 우리 강낭콩은 한살이가 짧아 성장이 빠르지.
2/11	학습 목표	여러 가지 씨앗을 관찰하여 봅시다.
	대본 내용	강돌이: 이곳에는 강낭콩 말고 다른 씨앗은 없니? 강낭콩병정: 여기에는 여러 섬이 있는데 옥수수섬, 호두섬, 밤섬 등 여러 가지 씨앗 섬이 많이 있단다. 씨앗의 크기에 따라 섬의 크기도 다 다르지.
3/11	학습 목표	씨앗이 싹 트는 데 필요한 조건을 확인하여 봅시다.
	대본 내용	강순이: 아. 그렇구나. 그렇다면 강낭콩이 싹을 틔우기 위해선 무엇이 필요하지? 강낭콩병정: 우리가 싹을 틔우기 위해선 적당한 물과 온도가 필요하지. 강순이: 어? 햇빛은 필요하지 않니? 강낭콩병정: 어. 싹은 햇빛이 필요하지 않아. 햇빛이 없어도 싹을 틔울 수 있단다. 그 예로 우리가 햇빛이 없이 싹이 자라면 너희가 좋아하는 콩나물이 된단다.

4/11	학습 목표	식물의 한살이를 관찰하기 위해 씨앗을 심어 봅시다.
	대본 내용	강낭콩병정: 우리 강낭콩이 싹이 트는 과정은 다음과 같단다. 먼저 딱딱한 강낭콩이 부풀게 되지. 그런 다음 뿌리가 나오고 2장의 떡잎 사이로 본 잎이 나오게 된단다.
5/11	학습 목표	식물의 한살이를 관찰하기 위해 씨앗을 심어 봅시다.
	대본 내용	강돌이: 아! 그렇구나. 그렇다면 씨앗 심는 방법도 가르쳐 줘. 강낭콩병정: 씨앗을 심는 순서는 화분 조각이나 돌 들 등으로 화분 밑의 구멍을 막고 흙을 3/4정도 넣어. 그리고 씨앗 길이의 2~3배 정도 깊이로 씨앗을 심은 후 흙을 덮는 거야. 마지막으로 물을 충분히 주고 팻말을 꽂거나 이름표를 붙인 후 햇빛이 잘 드는 곳에 화분을 놓아두면 돼. 강낭콩도 이와 같이 심으면 된단다. 아, 그리고 매일 자세히 관찰하는 것도 잊으면 안 돼?

2) 과학인형극 '강낭콩섬 탈출기' 대본 개발

초등학교 과학과 4학년 1학기 3단원 '식물의 한살이' 교재 분석과 줄거리 개발, 인물 설정을 통해 과학인형극 '강낭콩섬 탈출기' 대본을 일부 제시하고자 한다.

〈표 3-3〉 과학인형극 '강낭콩섬 탈출기' 대본(김형섭, 2011)

과학인형극 대본		강낭콩섬 탈출기	○○초등학교 4학년 3반
등장인물		개골이, 강돌이, 강순이, 콩순이, 강낭콩병정 1, 2, 호두왕자	
인형 종류		막대 인형과 손 인형이 결합된 부직포로 제작한 막대 인형	
극 형식		창작동화에 과학적 내용 삽입형	
단원		3단원. 식물의 한살이(교과서 p.84-115, 실험관찰 p.34-48)	
투입 자료		인형극 무대, 막, 막대 인형 7개, 음악 19개, 효과음 7개, ppt 7개, 노트북,빔 프로젝트	
차시		차시별 대본에 삽입한 과학적 내용	
과학적 요소	1	학습 목표: 한살이를 관찰하기에 적합한 식물을 알아봅시다. → 한살이를 관찰하기에 적합한 식물을 말할 수 있다.	
	2	학습 목표: 여러 가지 씨앗을 관찰하여 봅시다. → 여러 가지 씨앗의 모양, 색깔, 크기 등을 관찰하고, 그 특징을 말할 수 있다.	

과학적 요소	3	학습 목표: 씨앗에서 싹이 트는 조건을 알아봅시다. → 씨앗에서 싹이 트는 데 필요한 조건을 말할 수 있다.
	4	학습 목표: 씨앗에서 싹이 트는 과정을 알아봅시다. → 씨앗에서 싹이 트는 과정에 대하여 말할 수 있다.
	5	학습 목표: 식물의 한살이를 관찰하기 위해 씨앗을 심어봅시다. → 씨앗을 심는 데 필요한 준비물과 주의사항을 알 수 있다.
	6	학습 목표: 식물이 자라는 데 필요한 조건을 알아봅시다. → 식물이 자라는 데 필요한 조건을 알기 위한 실험 계획을 세우고 이를 수행할 수 있다.
	7	학습 목표: 잎과 줄기의 자람에 대하여 알아봅시다. → 식물이 자라면서 잎, 줄기의 모양과 크기가 변함을 말할 수 있다.
	8	학습 목표: 꽃과 열매의 자람에 대하여 알아봅시다. → 식물이 자라면서 꽃, 열매의 모양과 크기가 변함을 말할 수 있다.
	9	학습 목표: 식물의 한살이를 알아봅시다. → 식물의 한살이 과정을 여러 가지 방법으로 정리하여 발표할 수 있다.
	10	학습 목표: 식물의 한살이를 비교하여 봅시다. → 한해살이 식물과 여러해살이 식물의 공통점과 차이점을 말할 수 있다.
	11	되짚어 보기 / 확인하기(과학인형극 공연)

장면	대사	자료
#1 해설 및 인사	*〈조명 켜지면서〉(음악1. 솜사탕)* (음악에 맞추어 개골이 등장) 개골이(해설): 안녕하세요! 어린이 여러분! 전 이번 공연에 사회를 맡은 개골이입니다. 지금까지 여러분이 배웠던 '식물의 한살이'에 대해서 잘 이해하셨나요? 지금부터 '식물의 한살이'란 주제로 '강낭콩섬 탈출기'라는 재미있는 과학인형극을 보도록 하겠어요. 자! 준비되셨나요. 그렇다면 힘찬 박수와 함께 출발~~*(효과음1. 박수소리)* *〈조명 꺼지면서〉(음악2. 잔디밭에는)*	음악1 효과음1 음악2
	※ 2, 4막 생략	
#3 옥수수섬의 탈출	*〈조명 켜지면서〉(음악8. 사라방느)* (조명이 켜지며 호두섬 감옥에 갇혀 있는 콩순이) 콩순이: 살려주세요! 살려주세요! 여기는 어디지? 호두왕자: 으하하하. 나는 호두 나라의 왕자다. 너는 장차 나의 왕비가 되어 호두섬에서 나랑 행복하게 살게 될 것이다. 콩순이: 뭐라고……. 싫어. 싫어. 난 호두 알레르기가 있단 말이야. 난	음악8

<table>
<tr><td>#3
옥수수섬의
탈출</td><td>절대 너랑 결혼할 수 없어. 난 강낭콩을 좋아한다고.
호두왕자: 뭐라고? 그렇다면 내가 낸 문제를 맞히면 풀어주도록 하겠다. 으하하하. 자, 잘 들어라. 강낭콩과 우리 호두의 일생에 대해 비교해 보아라. 시간을 하루 주도록 하겠다. 만일 맞추지 못한다면 너는 평생 감옥에서 살게 될 것이다. 으하하하.
(음악9. 야상곡)(조명이 어두워지며 저녁이 된다.)
(효과음6. 귀뚜라미 소리)
강돌이: (감옥에 갇힌 콩순이를 부르며) 콩순아. 콩순아.
콩순이: 강돌아! 나 좀 구해줘. 호두왕자가 낸 문제를 못 맞히면 난 이 섬에서 빠져 나갈 수 없어.
강낭콩병정 1: 그래. 우리가 구해 줄게. 호두왕자가 낸 문제를 난 알고 있어.
(강낭콩병정 1이 콩순이의 귀에 소곤거린다.)(음악10. 007)
(다음날 아침 감옥 앞으로 웅장한 행진곡과 함께 호두왕자가 등장한다.)
(음악11. 행진곡)
호두왕자: 그래. 내가 낸 문제를 풀 수 있겠느냐?
콩순이: 당근이죠. (PPT 자료8) <u>강낭콩과 호두 일생의 차이점은 간단합니다. 강낭콩은 기간이 한해이지만 호두의 기간은 여러 해입니다. 또한 분명한 차이점은 강낭콩은 풀이고 열매를 맺은 후 수명을 다하지만 호두는 나무이고 매해 꽃이 피고 열매가 맺는 과정이 반복된답니다.</u>
호두왕자: 아니……. 이럴 수가. 그걸 어떻게 알았지. 그래, 알았다. 약속대로 풀어주도록 하겠다.
콩순이: 야호. 이젠 살았다. 빨리 돌아가서 강돌이와 강순이를 만날 수 있겠다. 야호!
〈조명 꺼짐〉</td><td>

음악9
효과음6

음악10

음악11

ppt8</td></tr>
<tr><td colspan="3">※ <u>밑줄 친 부분</u>: 과학 실험 관련 내용</td></tr>
</table>

3. 동화를 각색한 과학인형극 대본 개발

동화는 유아를 위한 재미있는 이야기로서 창작되거나 전래되어 왔고 시에 가까운 산문 문학이며, 내용은 현실(Realism)과 환상(Fantasy)이 담겨 있는 문학의 한 장르다. 다음은 동화를 선정하는 데 적절한 기준을 제시한 것이다.

- 이야기 속에 갈등이 포함되어 있고, 이것을 독창적이고 기대감 있는

과정으로 풀어 가는 줄거리여야 한다.

- 등장인물이 유아와 같은 또래이고, 어려움을 극복한 뒤 마침내 문제 해결에 이르는 내용 전개는 완전한 만족감을 주어 일반적이면서도 가장 호감을 주는 구조다.
- 내용은 될 수 있으면 산뜻하고 밝은 것이 좋고, 폭력적이고 공격적인 장면은 제외한다.
- 상상력이 풍부하면서 학생이 흥미를 느낄 수 있는 강한 개성을 지닌 등장인물이 좋다.
- 학생의 발달 정도를 고려한다. 즉, 학생이 들어서 쉽게 이해할 수 있는 단어와 문장으로 구성되어 있고, 학생의 생활 경험과 관련을 맺는 내용이 좋다.
- 사건이 반복되는 동화는 이야기 전개에 도움을 주므로 학생이 흥미있어 한다. 반복은 같은 사건이나 대화가 반복되는 경우와 내용이 조금씩 달라지면서 반복되는 경우가 있다. 예를 들면, '검둥이 삼보'에서 삼보는 호랑이를 만나면서 비슷한 대화를 하지만 그때마다 호랑이가 갖는 물건이 달라짐으로써 변화 있는 반복이 된다.
- 직접적이고 활동성이 있으며, 정서적이고 감동적인 것이어야 한다. 즉, 이야기 전체가 동적인 성격을 띠어야 함은 물론 명확하고 간결하게 진행되면서도 눈앞에서 이야기가 전개되는 것처럼 활동적인 묘사가 많아야 한다.
- 실제 생활 속에서 흥미를 느끼는 소재나 대상이 동화 속에 나타날 때 가장 친밀감을 느낀다.
- 삶의 지혜를 주고 교육적이며, 건전한 내용이어야 한다.

4. 동화를 각색한 과학인형극 대본 만들기 과정

1) 인형극 대본 만들기

(1) 극본화하기

이야기 형식과 극본 형식의 두 글을 읽고, 비교하여 차이점을 찾도록 한다.

이야기 〈임금님의 음식 투정〉	극본 〈임금님의 음식 투정〉
옛날 아주 먼 나라에 임금님이 사셨어요. 임금님은 항상 좋은 음식만 드시고 걱정 없이 사셨어요. 그렇게 살다 보니 맛있는 음식을 먹어도 맛있는 줄 모르고 불평만 하며 신하에게 심술만 부렸어요. 그래서 공주와 시녀 모두 걱정을 했지요. "아바마마는 왜 날마다 화만 내실까?" 시녀는 풀이 죽은 목소리로 말했지요. "음식 맛이 없으시대요. 어제 저녁도 안 드시고 오늘 아침도 안 잡수셨어요." 이런 이야기를 나누고 있을 때 임금님이 공주에게로 걸어오며 밥이 맛없다고 화를 내시지 뭐예요. 그러고는 야단을 치려는 듯 신하를 불렀답니다.	때: 옛날 장소: 임금님이 사시는 궁궐 등장인물: 임금님, 공주, 시녀, 신하 궁궐의 식당, 공주와 시녀 걱정을 하며 이야기를 나누고 있다. 공주: (시녀를 보며 걱정스러운 표정으로) 아바마마는 왜 날마다 화만 내실까? 시녀: 음식 맛이 없으시대요. 어제 저녁도 안 드시고 오늘 아침도 잡수시지 않으셨어요. 임금: (화가 난 듯이 걸어 나오며) 에이, 맛이 없다. 그것이 어디 임금님의 밥상이냐? 고얀 것들, 공주야 넌 밥을 먹었느냐? 공주: 네, 아바마마. 진지 드셨나이까?

(2) 극본화 방법 시범 보이기

글을 읽으며 극본의 형식에 맞도록 글을 재구성하는 것을 실물 화상기를 통하여 시범을 보인다(극본의 형식: 해설, 지문, 대사).

(3) 과학 교과서 내용을 극본으로 바꿀 때의 유의점

- 극본의 형식에 맞아야 한다.
- 학습의 주제에서 벗어나지 않아야 한다.
- 필요 없는 부분을 과감하게 생략할 수 있어야 한다.

(4) 과학인형극의 특징을 살려 극본 다듬기

- 막 구분 표시, 조명, 음향이 필요한 부분 표시하기
- 극본에서 고쳐야 할 부분 찾아보기(과학적 내용이 개연성 있게 들어가야 함)
- 소집단끼리 서로 들어보고 고칠 점을 생각하여 표시하기
- 소집단이 모여 이야기의 흐름에 맞춰 극본을 종합하고 완성하기
- 교사의 도움을 받아 극본을 수정하고 완성하기

2) 각색하기

극본의 내용을 효과적으로 전달하기 위해 다듬는 일로서, 어떤 이야기의 내용을 효과적으로 전달하기 위해 인형극으로 꾸미는 데 그 인형극에 필요한 것을 자세히 적어서 나타내는 것을 각색이라고 한다.

- 과학과 대단원의 마무리를 위한 보충, 심화 내용이 효과적으로 적당히 들어갔는지를 확인한다.
- 교육하고자 하는 의도를 효과적으로 전달하기 위해 내용을 과감히 생략하여 최대한 단순화한다.
- 최근에 가장 인기 있는 캐릭터를 도입하여 극 전체를 이끌어 가는 해설자로 활용한다면 보다 흥미로울 것이다.
- 대사가 간결하고 자연스러워야 한다.
- 인형극의 특수성을 고려하여 동작 지시나 대사로 표현해야 한다.
- 재미있게 과장하거나 유머, 익살스러운 표현을 넣어 재미있게 표현한다.
- 상대나 관객이 함께 참여할 수 있도록 맞장구를 유도하는 대사도 연출상 필요하다('과연, 정말 그럴까?' '어떻게 될까?' 등).

3) 각색 확인하기

(1) 1차 각색하기(극본화 완성, 간결화)

- 극본을 읽고 주제 파악하기, 클라이맥스 확인하기
- 해설, 동작 지시, 대사가 적절한지 검토하기
- 막의 구분과 사용이 적절한지 검토하기
- 꼭 필요한 대사 및 내용에 밑줄 긋기(형광펜 등을 이용)
- 삭제, 수정, 삽입할 부분 찾아 의논하기

(2) 2차 각색하기

- 소리 내어 읽기
- 길거나 어색한 부분을 찾아 짧고 자연스러운 대사로 고치기
- 내용을 효과적으로 전달하기 위해 단순화하기
- 유머나 익살스러운 표현을 넣어서 재미있게 고치기
- 관객의 맞장구를 이끌 수 있는 대사 넣기

5. 동화를 각색한 과학인형극 대본 실제

장면	시간(분)	대사	음향	준비물
#2 착한 나무꾼	5	*(02. 잔디밭에는)* 시작 음악이 흐르면 연못이 내려오고 나무가 서서히 올라간다. *(03. 착한 나무꾼 등장)* 나무꾼 등장 나무꾼: *(04. 물 소리, 새 소리)* 영차 헤헤 영~차 여 영~차 *(05. 도끼 빠지는 소리)* 아! 빠졌다. *(06. 도끼 빠진 후)* (밑을 내려다보며) 어?가라앉네?. 큰일났어 흐흑, (두 손으로 땅을 내리치며) 아이고, 아이고. 큰일났네. 오오오~ 우우우~ *(07. 경찰청 음악)*	음악2 음악3 음악 4,5,6 음악7	

#2 착한 나무꾼 5

개구리: 도끼를 찾습니다. 녹이 잔뜩 끼고 이빨이 몽땅 빠진 쇠도끼를 찾습니다. 도끼를 보시면 가까운 학교의 방송실에 꼭 신고해 주시기 바랍니다.

(08. 산신령 등장) 음악8

나무꾼: (무서워 숨으며)

산신령: (부드럽게) 여보게.

나무꾼: (고개를 숙이며) 어?

산신령: (보다 세게) 여보게.

나무꾼: (산신령을 무서워하며) 아으.

산신령: (더 세게) 여보게.

나무꾼: (빼꼼이 올려다보며) 아으, 당신은 누구십니까?

산신령: 나는 산신령이다. 근데 왜 그러니.

나무꾼: 흑흑흑, 도끼가 연못에 풍덩 빠졌어요.

산신령: 풍덩? 알았다. 기다려라. (연못으로 들어가며) (비눗방울을 분사하며) 부글부글부글……. 부글부글부글……. (잠시 후 금도끼를 들고나와) 이 금도끼가 네것이냐?

나무꾼: (고개를 흔들며) 아, 아닙니다.

산신령: 뭐라고?

나무꾼: 아니란 말이에요.

산신령: (곤잘레스 버전으로) 랏다 랏다 아랏다. 부글부글부글……. 부글부글부글……. (은도끼를 들고) 그럼 이 은도끼는 네 것이냐?

나무꾼: 그것도, 아니에요.

산신령: 아, 아니에요?

나무꾼: 그것도 아니라니까요.

산신령: 알았다. 기다려라. 부글부글부글……. 부글부글부글…….

나무꾼: 야, 내도끼다.

산신령: 그럼 정말 쇠도끼가 네 것이란 말이냐?

나무꾼: 네. 그렇습니다. 그 쇠도끼가 맞습니다. 정말 고맙습니다.

산신령: 허허허 고놈 참 착하기도 하여라. 이거 다 줄 터이니 몽땅 다 가져라.

나무꾼: (거절하며) 아닙니다. 제 도끼인 쇠도끼만 주세요. 요즘 금값이 1돈에 20만원? 잘못하면 제가 게으름뱅이가 될 수도 있어요. 전 그냥 땀을 흘리며 열심히 살겠습니다. 음악9

산신령: 허허. 그래그래. 너의 착한 마음이 정말 맘에 드는구나. 그럼 금도끼 대신 이것을 선물로 줄테니 잘 살도록 하여라. 나는 간다. ***(09. 산신령 퇴장)*** 음악10 열기구 점화 장치

나무꾼: <u>(나무꾼도 퇴장한 뒤 목소리만) 감사합니다. 산신령님. 근데 이게 뭐하는 거지? *(10. 열기구)* (조금씩 떠오르는 열기구에 나무꾼이 탄 채) 어~</u>

		어~ 떠오른다~ 어~ 내가 하늘로 올라간다 ~ 오오 정말 재미있는 걸. 야호~ 애들아 너희도 타보고 싶지? 그럼 타보고 싶은 사람 한번 손 들어봐. 들었으면 그냥 내려. 안녕~ 나 간다~ (11. 착한나무꾼 퇴장) (음악과 함께 날아가며 퇴장한다.) –〈과학1〉–	음악11	
#4 무지개 연못	7	산신령: 그만하면 됐다. 우리 친구들은 괜한 욕심 부리지 말고 착한 나무꾼처럼 정직하게 사세요. 알겠죠? 산신령이랑 약속할 수 있나요? (네~) 그렇다면 여러분에게 아름다운 무지개 연못을 선물하겠어요. 같이 만들어 보는 게 어떨까요? (좋아요~)		
		산신령: 그럼 산신령 전용 자가용을 타고 도와줄 친구들을 데리러 가야겠군.(산신령이 호버크래프트를 타고 무대 앞으로 나가 내린 후) 누가 날 도와주겠니? (미리 박수를 잘 치고 호응이 좋은 어린이들을 뽑아 놓은 후) 그래 넌 아까 박수를 잘 치더구나. 바른 자세로 보았고. 옳지 넌 재미있을 때 환호성도 쳐 주더구나. (학교와 이름을 물어본 후) 산신령 전용 자가용에 타렴.*(20. 호버크래프트)* 5명을 태워 무대 앞으로 간다.) –〈과학3〉–		호버크래프트 설탕, 병 7, 식용유, 수조
		산신령: 무지개 연못을 만들기 위해 여러분이 한 가지 색깔을 천천히 연못에 부어 주세요. –〈과학4〉–	음악20	
		어린이: *(21. 무지개1)* (연못에 조심스럽게 한 가지 색씩 모두 7가지 색을 돌아가며 붓는다.)		
		산신령: 어때요 여러분? 우리 어린이들과 무지개 연못을 만들어보았어요. 멋지지 않나요? 그럼 이번에는 진짜 무지개를 만들어 주겠어요.	음악21	
		산신령: *(22. 무지개2)* (옆모습으로 연못에서 천천히 올라와 돈다.) 5, 4, 3, 2, 1, 0(무지개가 안 나옴), 아참 나와라가 빠졌어요. 다시 나와라를 넣어서 외쳐 볼까요? 5, 4, 3, 2, 1, 0. 나와라. (무지개가 만들어진다.) –〈과학5〉–	음악22	과산화수소수, 세제, 색소, 요오드화칼륨
		개구리: 우리 어린이 여러분~ 무지개 연못 예쁘지요? 우리 어린이들도 아름답고 예쁜 마음으로 잘 자라세요. 안녕~ *(23. 정리 음악)* (음악과 함께 등장인물들이 나와 인사를 한다.)	음악23	

※ 밑줄 친 부분: 과학 실험 관련 내용

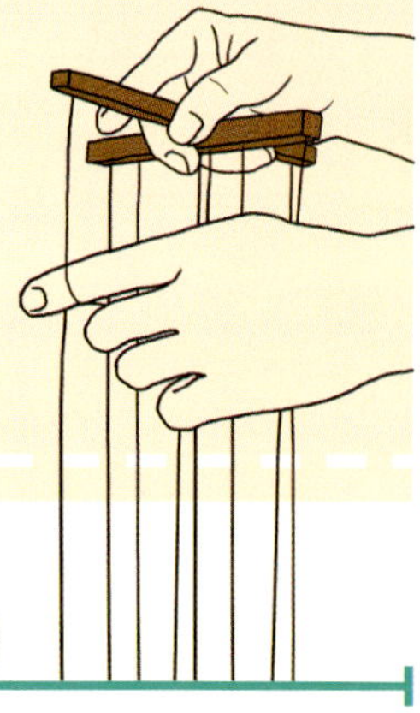

인형 만들기

인형극은 극화학습의 한 분야로서 인형이 가지고 있는 특수성, 신비로움, 다양하고 과장된 움직임, 판타지 등으로 학생의 창의력과 상상력을 자극하고 흥미를 느끼게 하는 우수한 학습 방법이다. 따라서 과학과 예술의 융합교육에 매우 적절하다고 볼 수 있다.

첫째로 공연 방식에 따른 다양한 인형의 종류를 알아보고, 둘째로 인형의 제작 재료에 대해 알아보도록 하며, 셋째로 인형을 제작할 때 주의할 점을 안내하고, 넷째로 인형 종류에 따른 제작 방법을 알아본 후, 마지막으로 인형극 제작에 도움이 되는 사이트를 소개하고자 한다.

1. 인형의 종류

인형극에 쓰이는 인형은 공연의 형태와 특징에 따라 다양하게 나눌 수 있다. 가장 많이 접하게 되는 대표적인 인형의 종류를 알아보도록 하겠다.

1) 줄 인형

인형의 몸 마디마다 꺾어지는 관절 부분에 실을 연결하여 조종하는 인형이다. 실의 수는 2줄부터 32줄로 다양하게 있으며 손가락 하나하나까지 작동하는 아주 정교한 인형도 있다.

2) 막대 인형

인형의 중심이 막대에 지탱되고 얼굴, 눈, 입, 눈썹 등을 움직이게 하는 여러 가지 조종 장치가 있는 두 개의 막대기를 중심으로 제작되는 인형으로서 얼굴 쪽 전 기능이 우수하다.

3) 손 인형

수많은 인형 중에 가장 많은 수의 인형으로 인형의 목을 통한 얼굴 부위를 손이나 손가락으로 직접 터치하여 조종하는 인형이다. 대체로 한 사람이 두 인형을 조종할 수 있는 인형과 두 사람이 한 인형을 조종하는 인형이 주종을 이룬다.

4) 복화술 인형

인형 조종사와 인형이 같이 등장하여 마치 인형이 스스로 말하는 것 같은 효과를 일으킬 수 있으며, 작

품으로서 공연의 극적 효과가 매우 뛰어나다.

5) 탈 인형

탈 인형은 가면극처럼 얼굴만 가리는 가면 인형과 몸 전체를 인형으로 덮은 전신 인형의 두 종류가 있다.

6) 손가락 인형

주로 장갑 다섯 손가락 끝 부분에다 다섯 인형을 만드는 방법이 있으며, 골무에다 만들어 손가락에 끼우는 방법도 있다. 인형이 너무 작으므로 많은 관객을 대상으로 하는 드라마용으로는 부적합하고, 교회 분반 공부나 유치원에서 놀이용으로 적합한 인형이다. 두 손에 끼우면 10개 인형을 동시에 등장시킬 수도 있고 개별 시각용으로도 잘 활용할 수 있는 인형이다.

7) 봉제 인형

인조 털옷감으로 만든 동물 모양도 있고, 스폰지로 만드는 동물 및 사람 인형도 있다. 주로 만화식 인형이 많으며 입을 크게 만들어 노래하는 연기가 재미있고, 두 손에 철사를 연결해서 손동작을 표현할 수 있다.

2. 막대 인형의 제작 재료

인형극에 사용되는 인형의 종류만큼이나 다양한 재료가 인형을 만드는 데 사용된다. 여기서는 과학인형극회 꼭두샘 공연을 위해 제작한 막대 인형을 중심으로 인형 제작 재료에 대해 소개해 보고자 한다.

1) 스티로폼 또는 강압스폰지(SG)

스티로폼과 스폰지는 인형의 얼굴과 몸통을 만드는 기본 재료다. 스티로폼은 스폰지보다 형태가 더 고정적이라는 장점이 있지만 스폰지에 비해 무겁고 칼을 이용해서 깎을 때 어려움이 있다.

스티로폼

스폰지

2) 타올천 또는 헝겊

타올천이나 헝겊은 인형의 겉모습을 만드는 데 필요한 재료다. 타올천과 헝겊은 표면의 질감이 다르기 때문에 원하는 인형에 따라 적절하게 이용하면 된다.

3) 바느질 도구, 칼, 본드

본드를 이용해 인형 표면의 천과 속 부분을 적당히 고정시키고 바느질 도구를 이용해 인형 겉 표면에 씌운 타올천이나 헝겊을 인형의 뒷면으로 끌어당겨 바느질한다. 남은 부분을 칼로 잘라낸다.

4) 휠트지, 낚싯줄, PVC 막대, 철사

휠트지로는 인형의 눈썹, 얼굴의 주근깨, 눈 등을 만들도록 하고, 동물의 수염은 낚싯줄을 이용해 표현한다. PVC 막대로는 인형의 얼굴과 몸통을 연결하여 막대를 만들고 인형의 입과 PVC 막대를 낚싯줄로 연결하여 입을 조작하는 장치를 만들도록 한다. 강선 철사는 인형의 손에 고정하여 인형을 조정할 수 있도록 제작한다.

휠트지

낚싯줄

PVC 막대 , 철사

(5) 털실, 인형 의상, 인형 제작용 눈

털실을 이용해 인형의 머리카락 등을 표현한다. 천을 사서 직접 인형 옷을 제작할 수도 있고, 마트나 시장에서 파는 유아용 옷을 사서 인형에게 입힐 수도 있다. 인형의 눈 부분은 휠트지로 제작 가능하나 인형 제작용 눈을 부착하면 제작이 더 쉽다.

털실

인형 의상

인형 제작용 눈

3. 막대 인형을 제작할 때 주의할 점

1) 눈의 크기 및 초점

인형의 눈은 공연 중 감정 표현에서 가장 중요한 역할을 한다. 이때 인형의 눈이 초점이 맞지 않거나 너무 작게 또는 너무 크게 제작되어 있다면 인형의 표정이 살아날 수 없다. 일반적으로 인형의 목 높이에 있는 물체를 바라보는 것처럼 초점을 맞추어 인형의 눈을 제작하는 것이 좋다. 막대 인형의 적정 크기는 세로 60~70cm 정도이며 눈의 크기는 가로 6cm, 세로 4cm 정도가 적당하다. 또한 다양한 표정을 만들기 위해 눈을 붙였다 떼었다 할 수 있도록 제작하는 것도 하나의 좋은 방법이다.

2) 인형의 팔 길이

인형을 제작할 때 팔을 짧게 만들면 인형의 행동에 제약이 따르게 된다. 인형의 팔 길이는 30~35cm(손 포함) 정도로 제작하면 적당하다.

3) 인형의 입

인형의 입은 제작이 꼭 필요한 것은 아니나 입을 제작함으로써 훨씬 다양한 표정과 감정 연기를 표현할 수 있도록 해 준다. 이 때 막대를 한 손으로 잡고 막대에 연결된 줄을 이용하여 인형의 입을 벌려 주어야 하는데 입을 너무 빽빽하게 제작하면 인형의 입을 벌리는 데 어려움이 많기 때문에 잘 조종할 수 있도록 제작해야 한다.

4) 인형의 무게

일반적으로 막대 인형은 한 손으로 막대를 잡아 인형을 조종하게 된다. 이때 한 손으로만 계속 인형의 무게를 지탱해야 하기 때문에 시간이 많이 흐르면 공연자에게 큰 부담으로 돌아온다. 40분 공연을 일반적인 공연 시간으로 보았을 때 인형의 무게는 850~950g 사이가 적당하다.

5) 조종용 철심, PVC

조종용 철심과 PVC는 조종의 편의성과 미끄러짐 방지를 위해 검은색 절연 테이프로 충분히 감아 두도록 한다.

4. 인형 기본 제작 방법

인형마다 공통된 제작 방법과 인형만의 특화된 제작 방법이 있으나, 이 장에서는 과학인형극회 꼭두샘 공연에 쓰인 막대 인형과 탈 인형을 중심으로 제작 방법을 안내해 보도록 하겠다.

1) 일반적인 인형 제작 순서

첫째, 머리 모양 만들기, 얼굴 모양 만들기
둘째, 몸통, 팔, 다리 만들기, 몸체 연결 및 막대 끼우기
셋째, 옷 만들기, 철사 연결하기

2) 인형 디자인

인형을 만들기 전에 사람인지, 동물인지 그리고 어떤 특징을 강조해야 하는지 정면 · 옆면 · 뒷면 모습으로 스케치한다. 인형은 극화된 교육 재료로써 얼굴 생김새나 표정이 과장되게 디자인하는 것이 유효하다. 특히 인형의 얼굴 크기가 몸통 부분과 거의 같거나 더 크게 만들어 인형극의 주 관객인 아이에게 친근감과 호감을 불러일으키도록 해야 한다. 그렇기 때문에 인형의 전면 및 후면, 측면의 모습을 모두 디자인해야 인형 제작에 어려움이 없다.

인형을 디자인할 때는 인형의 성격적인 특징, 개성, 역할에 따라 외형을 디자인해야 한다. 다음에 소개하는 인형은 과학인형극 꼭두샘에서 디자인한 인형의 사례다.

사례-1

작품명	궁금이의 신나는 과학 교실
등장인물	똑똑이, 칠칠이, 궁금이
캐릭터 설정	• 똑똑이-여우 - 성격: 아는 것이 많다고 잘난 체하는 얌체 같은 성격 - 외향적 특징: 터틀넥을 하고 있고 안경을 쓰고 있으며, 아집이 있어 보이는 외모 • 칠칠이-돼지 - 성격: 칠칠맞고 바보 같음 - 외향적 특징: 머리는 바가지 머리이고 눈과 눈 사이가 멀리 떨어져 있고 잠이 오는 표정이며 코가 과장되게 크고 콧물을 흘리고 있는 모습 • 궁금이-팬더 - 성격: 호기심이 많고 세상 모든 것이 궁금한 학생 - 외향적 특징: 모자에 물음표 마크가 그려져 있고 모자를 거꾸로 썼으며, 눈은 궁금한 것이 많다는 듯 가운데로 모여 있는 모습

사례-2

작품명	별주부전
등장인물	용왕, 거북이, 토끼, 대갈공명
캐릭터 설정	• 거북이 - 성격: 용왕의 병세를 낫게 하기 위해 충성심이 강하나 순진하고 바보 같은 면이 있는 캐릭터 - 외향적 특징: 눈이 아래로 모여 있고 입이 튀어 나와 있으며 바지는 허리 아래로 살짝 걸쳐 입은 듯한 모양 • 토끼 - 성격: 자칫 간을 뺏겨 생명을 잃을 위기에서 지혜를 짜내 살아 도망치는 약삭빠르고 지혜가 있는 캐릭터 - 외향적 특징: 눈썹이 살짝 올라가 있고 눈이 가운데로 모여 꾀가 많아 보이는 인상, 수염이 나 있고 앞니가 튀어나와 있음, 머리띠를 동여매고 있고 조선 시대 서민 의복 착용 • 용왕 - 성격: 용궁의 왕이니만큼 위엄이 있는 모습이지만 엉뚱한 느낌도 풍김 - 외향적 특징: 곤룡포를 입고 있는 모습, 눈과 코, 턱에 하얀 수염이 덥수룩하게 나 있음, 몸에 링거를 꽂고 있음

사례-3

작품명	금도끼 은도끼
등장인물	개구리, 산신령, 나쁜 나무꾼, 착한 나무꾼
캐릭터 설정	• 개구리 - 성격: 매우 장난기가 심한 개구리, 과학적 호기심이 왕성한 캐릭터 - 외향적 특징: 입이 크게 벌어지며 우스꽝스러운 모습을 하고 있고 팔과 다리가 전체적으로 긴 편 • 산신령 - 성격: 신비한 분위기가 있으며 신비로운 도술을 부릴 수 있으나 가끔 엉뚱한 말과 행동을 함 - 외향적 특징: 머리카락이 매우 길고 눈썹과 콧수염이 흰색임, 하얀 소복을 입고 있음 • 나쁜 나무꾼 - 성격: 매우 심술궂고 급한 성격임, 괴팍하고 욕심이 많고 남을 배려할 줄 모름 - 외향적 특징: 머리가 헝클어져 있고 수염이 거칠게 나 있음, 눈썹이 위로 치켜 올려 떠진 모양 • 착한 나무꾼 - 성격: 심성이 곱고 욕심을 부리지 않음 - 외향적 특징: 눈매가 선하고 단정한 모습

[캐릭터 스케치]

[디자인한 인형]

3) 막대 인형 제작

인형 얼굴 제작 1

스케치에 따라 인형 얼굴 제작에 들어가도록 한다. 인형 제작에 필요한 강화 스폰지(SG)를 준비한다.
스폰지는 25x25x25cm 정도 크기로 준비한다.

인형 얼굴 제작 2

준비한 스폰지에 지름 25cm가 되는 원을 그리고 칼을 이용해 원의 둘레를 따라 잘라낸다.

인형 얼굴 제작 3

잘라 낸 스티로폼 기둥의 위쪽 5cm 부근을 구 모양으로 잘라 낸다.

인형 턱 제작

사진과 같이 선을 그린 후, 그 선을 따라 턱 부분을 만든다.

인형 얼굴 세부 제작

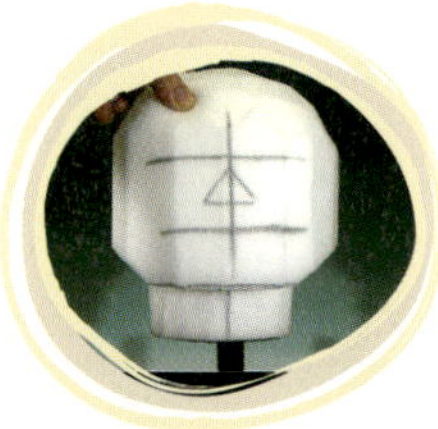

정면 얼굴을 그린다. 십자형으로 얼굴의 중심을 잡고, 눈, 코, 입의 위치를 정해 준다. 턱 부분이 너무 작아지지 않게 주의하도록 한다. 옆 턱을 깎아내고, 앞 턱을 부드럽게 깎아낸다.

인형 몸통 제작 1

높이 30cm 정도의 스폰지 기둥을 준비하고 20~25cm 정도 지름의 원 기둥으로 잘라낸다. 인형의 몸통 모양에 따라 제작 방법은 달라질 수 있다.

인형 몸통 제작 2

생각하는 인형 팔의 두께에 따라 어깨 부분을 자른다. 보통 4~5cm 정도 자른다.

인형 몸통 제작 3

몸통 윗부분의 면이 얼굴의 밑면과 그 크기가 같아야 한다.

>>>

인형 얼굴 겉면 제작

① 얼굴 면에 본드칠한 후 타올지를 붙인다.

② 팽팽하게 잡아당겨 얼굴 면을 부착한다.

③ 옆면도 잡아당겨 팽팽하게 한다.

④ 옆면을 더 잡아당겨 붙인다.

⑤ 가위로 자른다.

⑥ 옆면의 주름진 부분을 잘라 준다.

⑦ 자른 부분을 본드로 붙인다.

⑧ (계속) 뒷면 접히는 부분을 자르고 붙인다.

⑨ 접히는 부분에 마무리 가위질을 한다.

⑩ 뒷면 1차 마무리 모습

⑪ 덧붙일 천 모양을 자른다.

⑫ 뒷면에 덧붙일 천을 대고 본드로 붙인다.

⑬ 정면 완성 모습

⑭ 측면 완성 모습

⑮ 뒷면 완성 모습

인형의 팔과 다리 제작

인형의 팔은 움직임이 최대한 자연스럽게 표현될 수 있도록 길이를 30cm 정도 넉넉히 잡는다. 바느질을 통해 천을 만들고 그 안에 솜을 채워 넣는 방식이다.
다리의 길이는 무대에서 크게 보이지 않는 부분이므로 15~20cm 정도로 제작한다. 제작하는 방법은 팔을 만드는 방법과 같다.

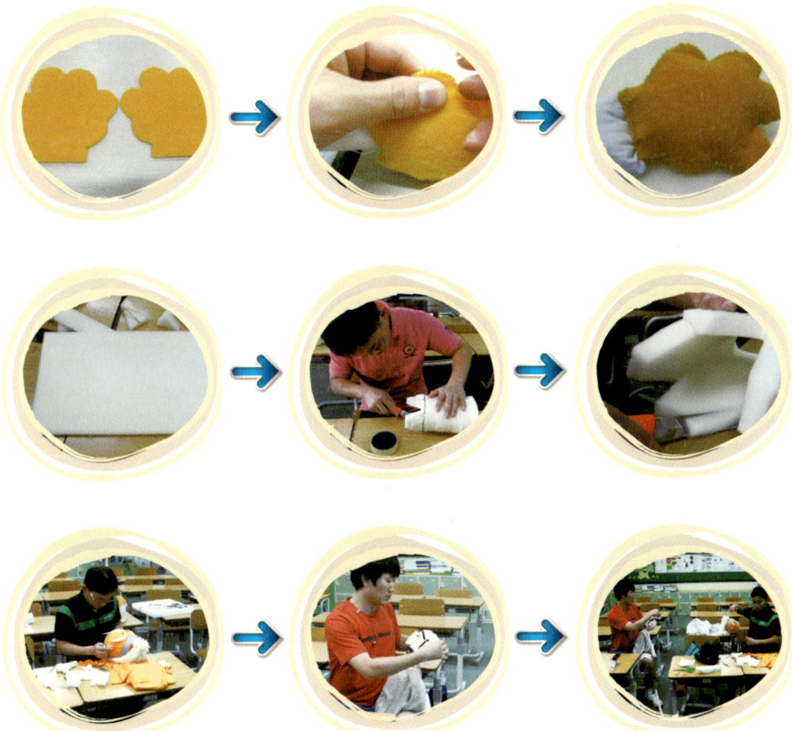

인형 팔, 다리 이어 붙이기

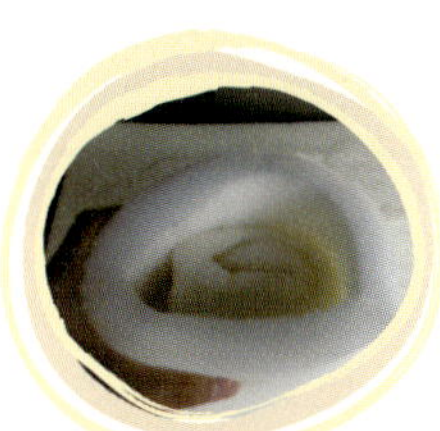

① 몸통 안에 스폰지를 넣어 고정시킨다.

② 머리에 몸통을 대어 붙일 위치를 확인한다.

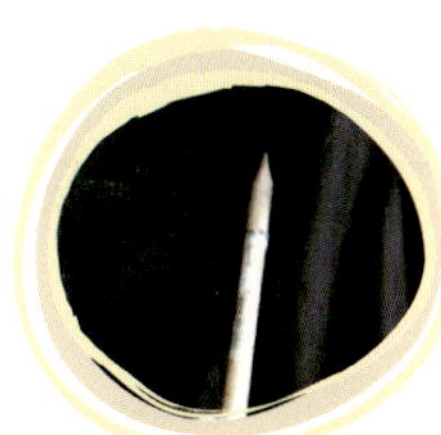

③ 나무 막대 끝 부분을 연필처럼 깎는다.

④ 몸통 아래쪽에 막대를 끼운다.

⑤ 머리 아래쪽에 막대를 끼울 부위에 송곳으로 구멍을 낸다.

⑥ 막대로 몸통과 머리를 머리 꼭대기까지 충분히 끼워 연결한다.

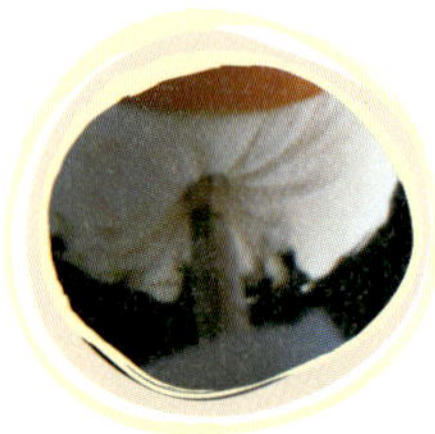

⑦ 머리 아랫부분이 들어가 모양이 안 예쁘다.

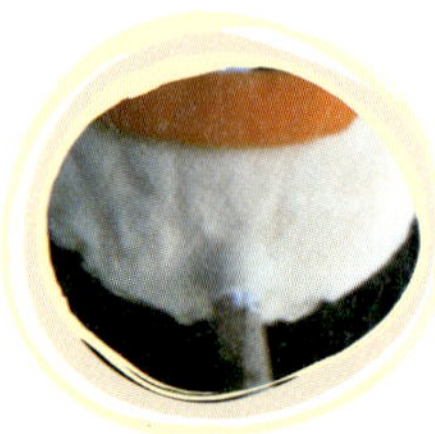

⑧ 다시 막대를 빼면서 나오게 한다.

⑨ 막대에 본드칠을 한다.

⑩ 몸통과 머리를 연결한다.

⑪ 몸통의 목과 어깨 부위를 타올지로 감싼다.

⑫ 목 윗부분까지 연결 부위가 보이지 않게 충분히 올라오게 감싸 준다.

⑬ 목 윗 부분에 본드칠을 한다.

⑭ 목에 머리를 붙인다.

⑮ 몸통에 팔을 바늘로 연결한다.

⑯ 팔을 연결한 모습(상하로 잘 움직여야 함)

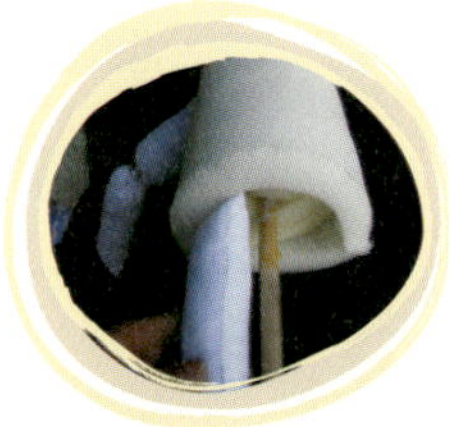

⑰ 몸통의 안쪽으로 다리를 바느질하여 연결한다.

⑱ 머리와 몸통, 팔다리를 연결한 모습이다.

※ 인형 제작 막대는 일반적으로 구하기 쉬운 나무 막대를 사용해도 되지만, 내구성과 공연의 편의성을 위해서는 PVC 막대를 이용하는 것이 좋다.

[인형 팔과 다리 제작 모습]

인형의 팔에 강화 철사 조종대 붙이기

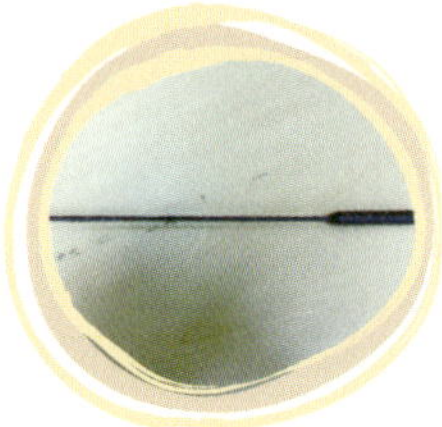

인형의 팔에는 앞서 소개한 강화 철사를 이용하여 조종 부분을 손잡이 모양으로 구부려 손의 밑면에 구멍을 뚫어 본드를 고루 바른 후 고정할 수 있도록 한다. 조종대의 길이는 40cm 이하가 적당하다.

그 외 부분 제작하기

- 인형의 옷 만들기
  - 인형의 윗옷과 바지를 입힌다. 이때 무리한 힘을 주면 터질 염려가 있으므로 주의한다.
  - 바지가 흘러내리지 않도록 박음쇠질을 하여 몸통에 고정시킨다.
  - 주머니나 넥타이 등을 만들어 꾸민다.
  - 인형의 옷을 만들기가 어려우면 부직포를 옷 모양으로 잘라 몸통에 붙여도 된다.
- 소품 만들기
  - 부직포나 기타 재료를 활용하여 간단한 소품을 만든다.
  - 꼭 필요로 하는 것만 만들도록 한다.

5. 탈 인형 제작 방법(참고)

1) 탈 인형 제작 준비물

40×40×40cm 정도 크기의 강압스폰지(SG) 또는 스티로폼을 준비한다.

2) 탈 인형 탈 모양 조각하기

디자인한 캐릭터의 모양대로 스폰지의 앞면과 옆면을 도안한 후 조각한다. 조각 후 곡선 형태로 부드럽게 다듬는다. 이후 샌드페이퍼로 갈아주어 마무리한다.

3) 탈 인형 머리 안쪽 파기 및 눈 제작

탈 인형의 몸통 안쪽에 머리가 알맞게 들어갈 수 있도록 충분히 판다. 이후 공연자의 눈높이를 확인하고 눈을 팔 수 있도록 한다. 눈을 판 뒤에는 망사 등의 재료를 이용하여 눈을 표현한다.

4) 탈 인형 겉 타올지 부착

본드를 이용하여 인형의 얼굴 전면에 바르도록 한다. 바르는 순서는 뒷머리, 정수리, 양 볼, 정면, 턱 부분으로 발라야 한다. 본드를 잘 펴 바른 후 바로 붙이면 안 되고 살짝 본드가 말라 갈 때 양쪽의 균형을 같이 하여 붙여 준다.

타올지의 주름은 머리 뒷부분으로 모아서 붙여야 한다. 머리 뒤에서 봤을 때 주름이 Y자 형태로 붙여야 한다.

6. 인형제작의 다른 방법

인형을 직접 제작하지 않고 인형의 특징, 원하는 표정, 인형에서 강조하고자 하는 것 등을 디자인하여 전문 업체 등에 제작을 의뢰하는 것도 좋은 방법이다.

인형 제작 의뢰 방법의 구체적인 순서는 다음과 같다.

- 인형 제작 외주 방법
  - 실제 인형의 성격과 외향적 특징을 세세하게 설정하여 인형의 앞, 뒤, 옆 모습을 디자인한다.
  - 공연에 적당한 인형의 무게(보통 850~950g)를 정한다.
  - 다양한 경로를 통해 인형 견적을 문의한다.
  - 3주가량 이상의 작업 시간이 걸리며 중간에 인형 제작 과정이 원하는 방향으로 이루어지고 있는지 제작자와 상의한다.
  - 인형의 표정을 다양하게 하기 위해서 인형의 눈썹을 탈착식으로 제작을 문의하는 것도 하나의 팁이다.

7. 인형 제작 및 구입에 도움이 되는 사이트

- 과학인형극회 꾹두샘 http://cafe.daum.net/esep
- 인형극단 친구들 http://www.puppet.or.kr/
- 드림토이 http://www.dreamtoy.co.kr/
- 인형극단 예전 http://www.yjp1004.com/
- MBC문화인형극회 http://www.mbcpopopo.com/
- 인형극단 앨리스 http://www.alice.or.kr/

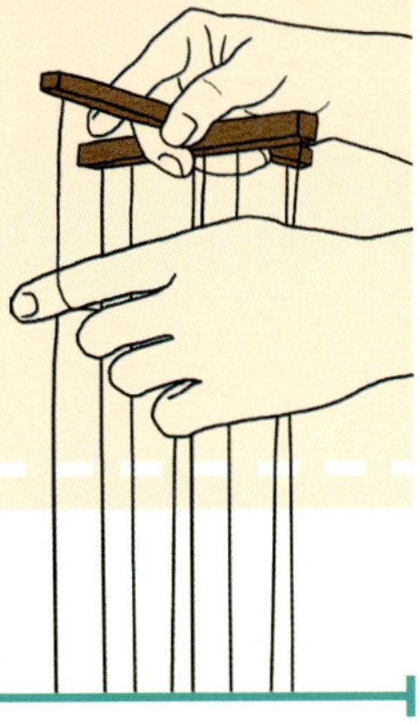

3 · 4 · 5 · 6 · 7 · 8 · 9

무대 만들기

1. 무대의 종류

과학인형극을 하려면 우선 인형극을 공연할 수 있는 무대를 만들어야 한다. 인형극 무대는 인형극을 하는 주체에 따라 학생용 무대와 교사용 무대로 나눌 수 있다.

교사용 인형극 무대는 넓은 공간에서 많은 관객을 상대로 하기 때문에 그에 맞는 큰 형태의 무대가 필요하다. 경첩을 이용하여 접었다가 펼쳤다가 할 수 있는 병풍형 무대, 프로파일을 조립하여 설치할 수 있는 조립형 무대, 그리고 에어풍선을 활용하여 설치할 수 있는 에어 무대 등이 있다.

그리고 학생이 공연하는 인형극 무대는 간단하게 설치할 수 있는 소규모 무대가 있다. 책상과 검은 천을 이용하여 만든 무대나 두꺼운 종이를 이용하여 만든 무대, 우드락을 이용하여 만든 무대 등이 있다.

1) 교사용 무대

(1) 병풍형 무대

병풍형 무대의 전체 모습

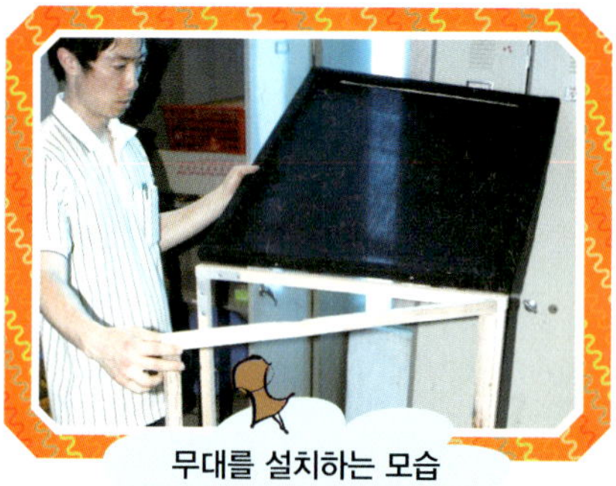
무대를 설치하는 모습

인형극을 하는 단체에서 가장 많이 사용하고 있는 무대의 형태다. 병풍형 무대의 장점은 접었다가 펼 수 있어서 이동이나 설치할 때 간편하며, 나무와 검은 천으로 만들어서 상대적으로 가볍다. 그러나 보관 시 검은 천의 청결 상태를 유지하기 위해서는 신경을 많이 써야 하며, 나무로 만들어져 있기 때문에 휘어짐이나 부러질 수 있는 단점이 있다.

(2) 조립형 무대

조립형 무대는 프로파일 여러 개를 연결하여 철골뼈대를 만들고 그 위에 검은 천을 씌우는 형태의 무대다. 기존의 병풍형 무대는 무거운 소품을 올리거나 연기자가 연기를 하다 몸을 기울였을 경우 무대가 쓰러지는 등의 사고 대안으로 나온 무대 형태다. 대부분의 인형극에서는 조립형 무대와 병풍형 무대 중 한 가지를 선택하여 사용한다.

조립형 무대의 장점은 프로파일로 조립을 하기 때문에 견고하고, 원하는 형태로 얼마든지 그 모습을 바꿀 수 있다. 그리고 무대를 조립하는 것에 숙달이 되면 빠른 시간에 조립하여 완성할 수 있다. 그러나 조립형 무대의 단점으로는 프로파일 자체가 무거워 이동하기 불편하고, 검은 막을 씌워 그 무대를 꾸미는 데에 시간이 많이 걸리기 때문에 무대를 설치하는 데 많은 시간을 확보해 놔야 한다.

조립형 무대의 전체 모습

조립형 무대 설치하기

조립형 무대 설치하기

이음새와 프로파일 연결하기

(3) 에어 무대

에어 무대를 설치한 모습

에어 무대에 필요한 송풍기

에어풍선 무대는 고무재질로 된 무대의 막에 공기를 집어넣어 설치하는 형태의 무대다.

에어 무대의 장점으로는 공기를 뺀 상태에서 이동을 하기 때문에 이동하기 간편하고, 사람이 일일이 조립하지 않아도 위치를 잡고 송풍기를 통해 공기를 주입하면 되기 때문에 무대의 설치도 간편하다. 단점으로는 고무 재질로 되어 있기 때문에 찢어지기 쉽고, 가격이 상당히 비싸다. 또한 공기를 넣기 위해서는 송풍기의 전원이 필요하므로 야외에서 공연 시 반드시 관련 도구를 가지고 다녀야 하는 어려움이 있다. 그리고 무대를 세척하는 데 많은 시간과 노력이 필요하다.

2) 학생용 무대

(1) 검은 천을 이용한 무대

책상을 두고 위에 검은 천을 씌워서 만드는 무대다. 연기자의 수에 따라 책상 수를 다르게 하여 크기를 조절할 수 있다.

교실에 있는 책상

검은 천을 이용하여 만든 무대

(2) 두꺼운 종이를 이용한 무대

두꺼운 종이와 양쪽에 두 개의 스탠드를 이용하여 만든 무대로 측면에도 무대를 꾸밀 수 있으며, 책상과 검은 천을 이용하여 만든 무대보다는 더욱 집중력 있게 인형극을 관람할 수 있다.

스탠드와 두꺼운 종이를 이용한 무대의 모습

(3) 우드락을 이용하여 만든 무대

우드락을 반으로 접어 만든 입체적인 형태의 무대다. 색종이나 색연필을 이용하여 학생이 각자 원하는 형태의 무대로 꾸밀 수 있으며, 다양한 형태로도 변형할 수 있다.

우드락을 이용하여 만든 무대 1

우드락을 이용하여 만든 무대 2

2. 무대 제작 방법

앞에서 살펴본 것처럼 여러 형태의 무대가 있지만, 교사가 이용하는 조립형 무대와 학생이 이용하는 두꺼운 종이를 이용한 무대의 제작 방법을 중점으로 알아보고자 한다.

1) 조립형 무대 제작하기(교사용 무대)

(1) 무대의 크기와 구조 결정하기

과학인형극에서 필요한 무대를 만들기 위해서 먼저 무대의 크기와 구조를 충분히 고려해야 한다. 무대의 크기는 프로파일의 수와 각각의 길이를 결정하게 되고, 무대의 구조는 프로파일의 이음새 모양을 결정하기 때문에 제작 주문을 하기 전에 신중하게 판단해야 한다. 무대 제작 전에 반드시 설계도를 제작하여, 무대의 크기와 구조를 결정하는 데 도움이 되도록 한다.

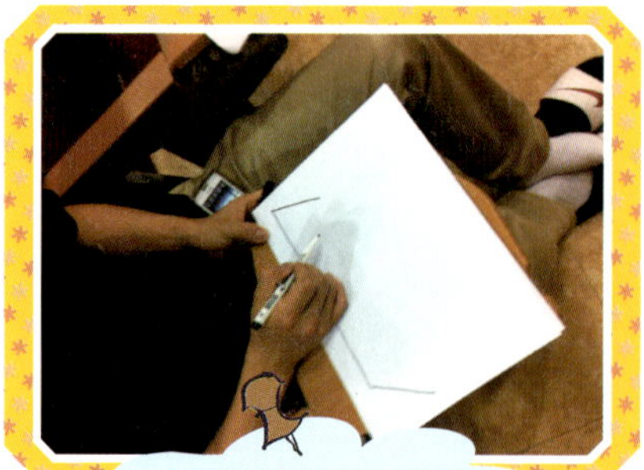

무대의 구조도 그리기

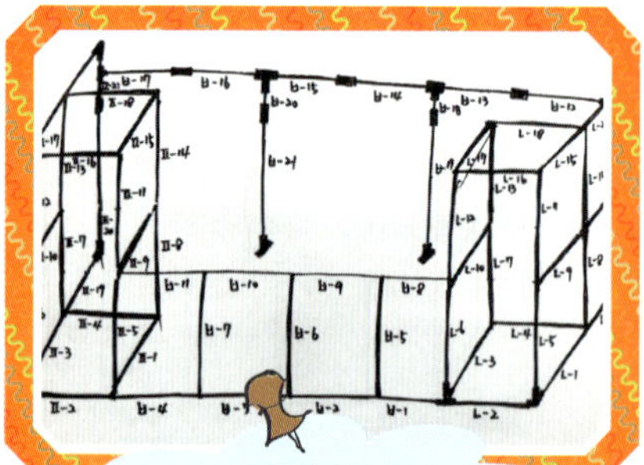

무대의 구조도

(2) 무대 배경 만들기

인형극을 하는 데 중요한 부분을 차지하는 무대 배경을 계획하고 공연

주제에 맞게 스케치한다. 이는 무대에 알맞은 여러 가지 소품을 조립하여 배치하고 인형극 공연의 효과를 극대화한다.

- 무대 배경 구상하기
  - 작품의 분위기와 인형의 의상, 무대를 꾸밀 소품의 위치를 생각하여 무대 배경을 구상한다.
- 무대 배경 꾸미고, 제작하기
  - 무대에 사용되는 배경을 꾸밀 때에는 여러 가지 소품과 플래카드를 이용하되, 복잡하지 않도록 주의한다.

무대 배경 완성 모습

- 주문하기
  - 협의를 통해 결정된 프로파일의 길이와 개수, 이음새의 모양과 개수 등을 종합하여 관절체와 프로파일을 생산하는 업체를 방문하여 직원과 제작 전 상세한 논의를 나눈다. 생산 가능 여부와 완성 날짜까지 확인하도록 한다.
- 무대 조립하기
  - 미리 그려 놓은 설계도를 보며 완성된 프로파일과 이음새를 조립한다. 이때 중요한 점은 프로파일의 끝 부분에 표시하여 이음새와 연결할 때 세밀한 위치를 알아 두는 것이다.

프로파일의 위치 테이핑하기

무대의 측면 조립하기

2) 두꺼운 종이를 이용한 무대(학생용 무대)

(1) 무대 꾸밀 준비물 알아보기

두꺼운 종이(전지 조별 1장), 칼, 1m 자, 스탠드(조별 2개), 집게(조별 4개), 검은 색지나 천을 준비한다.

(2) 간이 무대를 꾸밀 때의 주의사항

학생의 눈높이를 고려하여 교실의 중앙에 위치하여 무대를 꾸미고, 안전사고를 예방할 수 있도록 교사가 직접 지도한다.

(3) 스탠드와 두꺼운 종이를 이용한 간이 무대 꾸미기

- 밑그림 그리기(뒷배경 크기에 맞춰서 그리기)

- 1m 자를 사용하여 두꺼운 종이 자르기

• 양쪽에 스탠드를 사용하여 고정하기

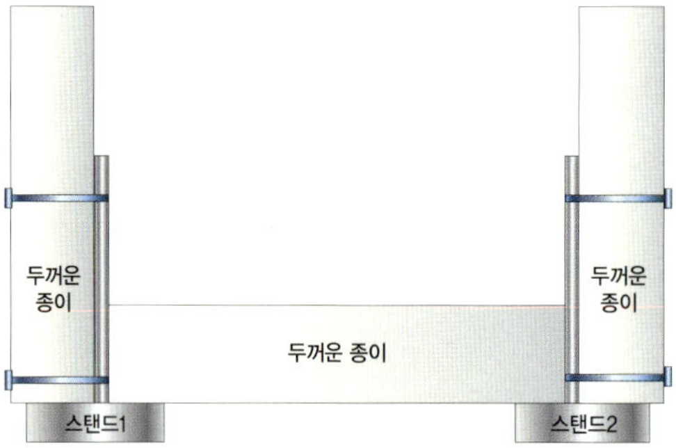

• 천이나 색지로 꾸미기(완성)

3. 무대 세팅하기

1) 무대막 씌우기

조립형 무대(프로파일)의 경우 기본 구조 위에 무대막을 씌워야 하기 때문에 검은 천과 현수막이 필요하다. 무대 디자인을 할 경우 전면부와 후면부로 나눌 수 있는데 무대의 구조와 과학인형극의 성격에 맞게 그 구성을 달리할 수 있다.

전면부의 정면과 후면부 그리고 측면부에는 검은 천을 씌워서 조명을 받았을 때 인형의 움직임이나 과학적인 요소가 돋보일 수 있도록 한다. 이때 프로파일에는 자석이 붙지 않기 때문에 프로파일의 이음새에 네오디움 자석을 활용하거나, 찍찍이의 암수를 활용하여 무대 천을 붙일 수 있다.

무대의 측면에 현수막 설치하기

전면부에 무대막 설치하기

2) 무대 꾸미기

과학인형극의 내용을 고려하여 무대를 꾸민다. 이때 주의할 점은 최소한의 소품으로 과학인형극의 분위기를 살리는 것이 중요하다. '금도끼와 은도끼'의 경우 숲을 연상시킬 수 있게 작은 풀을 배치하고, 무대의 양 쪽에 나무를 설치함으로써 분위기를 살리고 극의 흐름에 도움을 줄 수 있다.

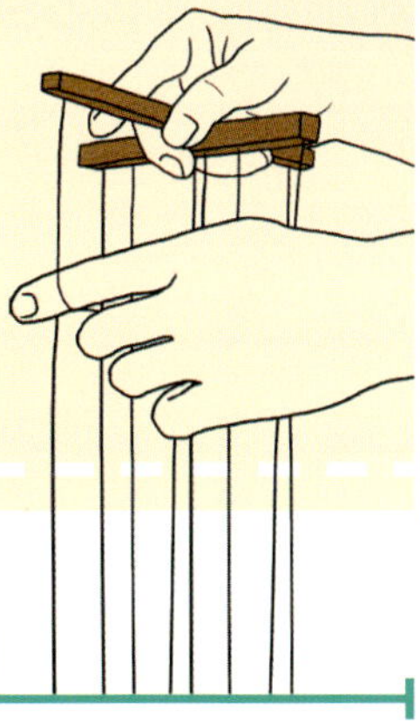

3·4·5·6·7·8·9

조명 효과 만들기

1. 조 명

1) 조명이란

과거에는 야외에서 행해지던 공연의 장이 실내로 들어오게 되면서 자연광을 얻을 수 없게 되자 인공적인 조명을 생각하게 되었다. 처음에는 촛불에서 모닥불, 석유램프, 가스불 등의 역사 변천과 함께 조명도 발전해 왔다. 20세기 초반 에디슨이 전구를 발명하면서부터 극장 예술도 일대 변혁을 가져오게 되었다. 무대 조명은 이 변혁기부터 단순히 관객의 시각을 비추는 사명의 굴레에서 벗어나 무대를 구성하는 한 요소이며 광선에 의한 극적인 표현 기술에 적극 참여하게 되었다.

2) 무대 조명의 기능과 목적

- 가시성 제공
- 시간, 공간 설정에 조력
- 분위기 창조에 조력
- 제작 스타일 강화
- 무대 위에 초점 제공
- 시각적 동작의 리듬 설정
- 핵심이 되는 시각적 이미지 강조

3) 무대 조명의 마력은 무엇인가

무대 조명에는 의상, 시대 배경, 인물, 색감 등 요구 조건이 많다. 잘된 조명이란 이런 시각적인 요소를 통합시켜 일관성을 갖추도록 해야 한다. 조명의 90%는 무대 동작선을 구분하고 의상을 돋보이게 하며 무대 장치의 형태를 살려 주는 보조 역할에 시간을 소모한다. 그러나 최근에 와서 무대 장치의 일부분인 조명이 전체의 시각적 효과에서 차지하는 비중이 높아져 가고 있는 실정이다.

4) 무대 장치와 연극 형식에 따른 조명

현대 극장 무대의 형태는 무대 조명 발달에 많은 영향을 주었다.

(1) 프로시니엄 무대

가장 보편적인 형태로서 객석은 이보다 조금 올라와 있는 무대 구역의 한쪽 편에 자리 잡고 있다. 벽으로 둘러싸인 무대는 프로시니엄 개구부의 공간을 통해서 관객에게 열려 있다. 프로시니엄 무대의 벽은, 과거에는 관객과 배우 사이를 분리시키려는 장식틀이었으나 현대는 무대 기계나 조명기, 장치 보관소 등을 관객의 시야에서 숨겨 주는 가림벽일 뿐이다.

(2) 돌출 무대

돌출 무대는 무대가 튀어 나와 있고 그 3면을 관객이 둘러싸는 무대 형태다. 이런 무대는 많은 관객이 연기자와 가깝게 있게 한다. 3면에 관객이 있기 때문에 무대 장치의 사용이 감소되고 조명에 보다 큰 비중을 둔다. 의상, 조명, 소도구로써 주된 시각적 구성을 하고 있다.

(3) 원형 무대

무대를 중앙에 두고 사방에 관객을 두는 형태로서 조명을 크게 요하며 무대 장치는 거의 제거되고 있다.

(4) 전체 환경 무대

가장 최근에 개발된 무대 형태로서 조명이 장치적인 요소를 지닐 뿐 아니라 작품의 배경이나 분위기에 관객을 흡수할 수 있도록 보다 다각적인 면에서의 조명 이용을 요하고 있다.

(5) 다변형 무대

적은 범위 안에서 앞서 말한 어떠한 형태의 관객-무대 배치라도 가능하기 때문에 소홀히 취급되어서는 안 된다. 극장 배치를 다양하게 할 수 있어서 노출된 조명 기기와 잠정적인 객석 배치로 즉흥 무대 형태가 될 수 있다.

2. 과학인형극 속의 조명

과학인형극은 다양한 장소에서 공연이 이루어지고 있다. 야외무대, 실내무대, 실내무대 중에서도 조명시설이 되어 있는 곳과 없는 곳이 있고 조명시설도 공연장마다 차이가 많다. 하지만 조명의 유무는 공연 전체에 미치는 영향이 상당하다. 따라서 준비된 여건하에서 최적의 조명 효과를 만들어 낼 수 있어야 한다.

1) 조명 효과

조명은 인형을 돋보이게 하는 기능을 한다. 조명담당자는 단순하게 인형을 잘 드러나게 하는 데서 나아가 극 전체를 살리는 조명 계획을 수립해야 한다. 조명은 다음과 같은 기능과 역할을 한다.

(1) 분위기 설정

조명 기기의 색깔과 밝음에 따라 극의 분위기를 고조시키거나 해칠 수 있다. 예를 들어, 어둡거나 차갑게 느껴지는 조명에서는 웃음을 유발하기 어려우며, 밝거나 따뜻한 조명은 진지한 분위기에서 비효과적이다. 좋은 조명은 기본적인 분위기를 해치지 않고 강조하는 것이다.

• 분위기 고조(연못 색깔 변화)

산신령: 어린이 여러분! 연못 색깔이 변했으면 박수 한번 주세요!!

• 위기 고조 후

산신령: 자, 그렇다면 네가 이 연못을 원래대로 바꿔 놓을 수 있겠느냐.

- 산신령 등장

산신령: (부드럽게) 여보게.
나무꾼: (산신령을 무서워하며) 으흑흑.
산신령: (더 세게) 여보게.

- 산신령 등장 후

나무꾼: (빼꼼히 올려다보며) 어? 그런데 당신은 누구세요?
산신령: 나는 산신령이다. 근데 왜 그리 슬피 울고 있느냐?

(2) 강조

조명의 양을 증가시키거나 조명을 여러 갈래로 함으로써 어떤 개인이나 대상을 더욱 강조할 수 있다. 예를 들어, 만일 매우 중요한 인물이 등장 한다면, 그 인물에 조명의 양을 증가시킴으로써 강조할 수 있다.

(3) 무대 장치 부각

관객에게 인형의 동작을 혼란스럽게 하는 너무 세심한 무대 장치는 좋지 않지만, 적절한 무대 배경은 그 작품에 기여한다. 잘 짜인 배경도 조명을 적절히 받지 못하면 이상하게 보이며, 엉성한 배경이 훌륭한 조명 때문에 좋게 보이기도 한다.

(4) 극적 가치 강조

하나의 집중된 조명이 무대에 혼자 남겨진 인물에게 비춰지면, 그 인물은 극적 효과를 받는다. 얼마나 극적인가 하는 것은 인물, 상황, 조명 처리법에 의해 좌우되며, 조명만이 연출가가 강조하고자 하는 극적 가치를 만들어 내고 강조할 수 있다.

2) 조명 계획

조명 담당자는 원활하고 효과적인 조명 연출을 위해 조명 계획을 수립해야 한다. 조명이 켜지고 꺼지는 시점은 언제인지, 강조해야 할 부분이 있다면 어디이고 어떤 시점인지 등 자세한 내용이 대본상에 들어가 있어야 한다. 따라서 조명 계획은 대본 쓰기가 마무리 된 후 연출자와 협의 과정을 거쳐 진행하는 것이 좋다. '두 번 깜빡' '서서히 줄이기' 등 상황에 따라 필요한 지시 사항을 대본에 적을 수 있다.

#1

(01. 솜사탕) 음악에 맞추어 개구리 등장
개구리: (막을 걷으며) 안녕하세요? 금도끼 은도끼 공연을 보러 와 주셔서 감사합니다. 먼저, 오늘 공연을 보면서 주의할 점 2가지를 말씀 드릴게요. 첫 번째, 조명이 꺼지면 힘차게 박수치며 함성지르기. 조명 아저씨(조명 깜빡깜빡), 조명 꺼 주세요. (힘찬 박수와 함성), 잘했어요. 수준이 높은 어린이들이군요. 다음 두 번째, 모두 휴대폰을 꺼내 보세요. 다 같이 진동 누르기. 나도 진동……. 으으으으. 진동이 상당한데? 혹시 진동이 안 되는 핸드폰 있나요. 그런 핸드폰은 (휴대전화를 던지며) 버려 주세요. 자. 그럼 이제부터 금도끼 은도끼를 시작합니다. 박수~
(02. 잔디밭에는)

〈조명 꺼짐〉

#2

〈조명 켜지면서〉
(03. 착한 나무꾼 등장) 나무꾼 등장
나무꾼: *(04. 물 소리, 새 소리)* 야~ 날씨 좋다.

3) 조명 기기의 설치

공연에 사용할 수 있는 조명 기기는 공연장에 따라 다르다. 과학인형극은 매회 공연을 할 때마다 각기 다른 공연장을 사용하기 때문에 조명 기기 또한 달라질 수밖에 없다. 요즘 대부분의 공연장은 조명시설을 잘 갖추고 있고 내부에 조명실을 따로 마련하여 관리하고 있다. 고가의 장비가 많은 곳이기 때문에 전문 관리인을 두고 있는 공연장이 많은데 협조를 구해 조명 기기의 사용이 가능하다.

공연장에서 하는 과학인형극은 사실상 조명에 대한 큰 부담 없이 공연을 진행할 수 있다. 하지만 야외나 조명 시설이 없는 곳에서는 조명시설이 갖추어지지 않은 곳이 많기 때문에 이동식 조명 기기를 사용해야 한다. 공연장에 설치되어 있는 조명 기기에 비해 효과는 크게 떨어지지만 관객이 공연의 흐름을 이해하고 극의 집중도를 높이기 위해서 꼭 필요하다.

이동식 조명 장치

스탠드형 장치로 백열등이 금속 기구 안에 들어가 있다. 이와 같은 조명 장치를 무대 양 옆에 세워 놓는다.

이동식 조명 조절 장치

조명의 밝기를 서서히 줄이거나 강하게 하며 순간적으로 끄거나 켤 수 있다. 관객의 눈에 띄지 않는 곳에 설치한다.

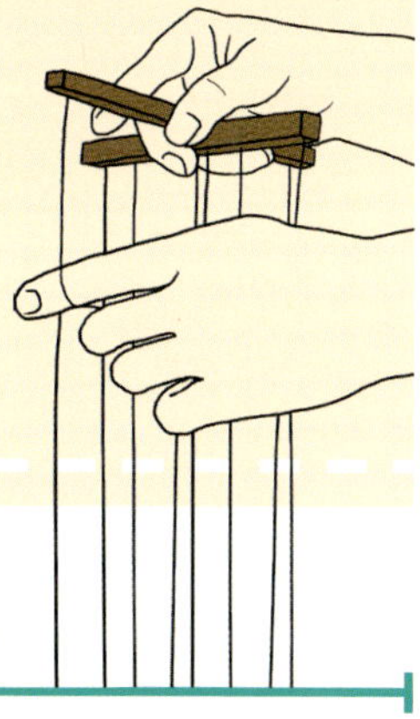

음향 효과 만들기

1. 음 향

1) 음향이란

효과음, 암전음향 등 공연에 삽입되는 모든 음악을 말한다.

2) 음향 구성

(1) 하우스

본 공연 시작 전 관객 입장 음악

- 하우스의 선택
  - 하우스는 관객 입장 음악이지만 사실상 관객이 극장에 들어서자마자 느끼는 무대의 한 부분으로 극장의 첫인상을 좌우할 수 있는

민감한 부분이기도 하다.

하우스는 극 전체의 분위기를 느낄 수 있는 음악으로 선택해야 하며, 그렇기에 연출과의 협의가 더욱 필요하다. 하지만 그렇다고 해서 하우스를 긴급함이 느껴지도록 빠르게 하거나 지나치게 어둡고 낮은 템포의 음악을 선택하는 것은 지양해야 한다.

하우스는 관객이 입장하고 대기하는 시간에 흐르는 음악이기 때문에 공연이 시작되기도 전에 관객의 귀를 피곤하게 만들어서는 안 된다. 하우스는 극 전반을 녹여 내면서도 가볍고 부드러운 것으로 선택한다.

- 하우스의 개수
  - 대개 하우스는 1~2개 정도를 반복하는 형식으로 진행하지만 꼭 정해져 있는 것은 아니다.

    음향 감독의 의지에 따라 3~5개 이상의 하우스를 선택할 수도 있다. 그러나 관객이 대기하는 시간 자체가 그리 길지 않으므로 1~2개가 적당하다.

(2) 암전음향

본 공연 중, 암전 시 음악

- 암전이란
  - 연극 공연에서는 빠질 수 없는 것으로 공연장 전체를 어둠으로 채우는 것을 말한다. 암전을 통해 연극은 공간적 · 시간적 제약을 어느 정도 해결할 수 있다. 암전은 배우에게 무대를 변화시킬 시간을 주거나, 관객에게 생각을 정리할 시간을 준다. 또한 음향에서 암전은 음향 삽입 개수를 말해 주는 것이기도 하다. 암전은 너무 적거나 너무 많아도 문제임으로 극 전반의 시간과 분위기를 고

려해서 개수를 정해야 한다.

- 암전음향의 선택
  - 암전음향의 가장 큰 역할은 역시 암전을 채워 준다는 것이다. 기본적으로 한 신(scene)이 끝나고 등장하는 암전음향은 방금 끝난 장면의 연장이다. 그러므로 어둠 속에서 관객이 방금 끝난 신에 대한 여운을 느낄 수 있도록 음악을 선택해야 한다. 부수적으로 덧붙이자면, 암전음향이 공백이 너무 많고 뜬다면 암전 속에서 무대를 바꾸는 배우의 이동 소리가 지나치게 크게 들려 극 몰입도를 해칠 수 있다. 그러므로 암전음향은 극장 스피커로 틀어보고 그 울림과 깊이를 판단 후 결정하는 것이 좋다.
- 안전음향 팁
  - 기본적으로 페이드 인과 컷 인이 있다. 대부분 신이 끝나면 조명과 크로스되며 극의 분위기를 이어주면서 페이드 인을 한다. 하지만 긴박한 장면이나 큰 울림을 주고 싶을 때는 컷 인을 통해 효과를 줄 수 있다.

(3) 엔딩 음향

암전음향 중에서도 엔딩은 대부분 연출이 관여하는 경우가 특히 많다. 극을 전체적으로 정리하기 때문이다. 암전음향의 재생 시간은 평균 20~30초 정도이고 배우의 무대 이동이나 의상 교체 같은 요소로 늘어날 수 있지만, 엔딩 같은 경우에는 음향과 연출의 상의하에 약간의 시간을 더 추가할 수 있다.

(4) 효과음

본 공연 중 다양한 효과를 내는 짧은 음

- 효과음 선택
  - 당연한 이야기이지만 잡음을 최대한 없애는 쪽으로 한다. 직접 녹음을 하는 것은 잡음이 너무 많이 들어갈 가능성이 높으므로 기존의 음향 선택을 추천한다.
- 효과음 팁
  - 효과음은 반드시 수정을 거쳐야 한다. 효과음 자체의 문제보다는 우리 극장 음향기기로 효과음을 재생하는 데 문제가 있을 수 있다. 효과음은 반드시 뒤에 4초 내지 5초의 넉넉한 공백을 두어야 한다. 효과음은 대개 짧기 때문에 실제 시간은 2.45초 정도라고 해도 음향 기기에는 2초라고만 표시된다. 공백이 없는 효과음은 순식간에 다음 음악으로 넘어가 공연을 곤란하게 할 가능성이 높다.
- 단순한 효과음이 아닌 긴 음악을 공연 도중에 틀어야 할 때
  - 배우가 라디오 또는 TV를 켠다거나, 분위기 강조를 위해서 공연 도중 음악을 깔아야 할 때는 틀기 전과 끈 후 반드시 새어 나오고 있는 음향이 없는지 꼼꼼하게 확인한다.

(5) 커튼콜

공연 중 배우 인사 음악

- 커튼콜 선택
  - 커튼콜은 정식 공연을 마친 배우의 인사 부분이다. 그렇기 때문에 다른 여타 암전음향보다 조금 가벼운 마음으로 선택할 수 있다. 물론 다른 암전음향, 전체적인 공연 분위기를 해쳐서는 안 된다. 예를 들어, 극 전체 테마가 고풍스러운 바이올린 테마곡이었다면 현악 춤곡이나 왈츠, 코믹스럽고 촌스러운 테마곡이었다면

트럼펫이 추가된 스윙 곡 등을 커튼콜로 사용할 수 있다. 배우와 의 콘셉트를 맞춰서 안무나 행동을 짜는 작업도 가능하다.

- 커튼콜 팁
  - 일단 커튼콜은 재생 시간을 재는 것이 힘들다. 배우가 인사를 하거나 안무를 하는 시간을 예측하기가 어렵기 때문이다. 그렇기 때문에 사전에 넉넉한 길이의 커튼콜을 만든다.

(6) 관객 퇴장 음향

공연 후 기획 마무리 인사와 함께 관객 퇴장 시 음악

- 퇴장 음향 선택
  - 관객이 잠시 무대를 구경하거나 퇴장하는 동안에 흘러나오는 음악이기 때문에 성격은 하우스와 같다. 그러나 하우스가 좀 더 얌전하고 앞으로 펼쳐질 공연에 대해 은밀한 비밀을 숨기고 있는 느낌이라면 퇴장음향은 좀 더 노골적이어도 된다.

2. 과학인형극 속의 음향

1) 음향의 종류

과학인형극에 사용되는 음향은 배경음과 효과음으로 나눌 수 있다. 배경음은 인물의 대사나 행동이 이루어지고 있는 상황에서 극적 효과를 높이기 위해 사용되는 음향이고 효과음은 새 소리, 바람 소리 등 장면의 실감을 더하기 위하여 넣는 음향이다.

2) 음향 준비

음향 담당자는 대본이 완성되면 음향 효과가 필요한 장면을 확인해야 한다. 막이 시작되거나 끝날 때, 인물이 등장하거나 퇴장할 때, 과학실험 장면, 특별히 강조해야 하는 대사가 있는 경우, 각종 효과음이 필요할 때 등 상황의 변화에 따라 음향 효과가 삽입되어야 한다. 음향 담당자는 녹음되어 있는 음향 리스트를 확인하고 선별해야 하는데, 이때 연출가와의 협의 과정이 필요하다. 이러한 과정 끝에 선별된 음향은 대본에 기록된다. 하나의 공연에 보통 30~40개의 음향 효과가 사용된다.

3) 음향 제작

음향 담당자가 확보하고 있는 모든 음향 효과 리스트를 확인하였지만, 연출가가 의도하는 바를 완벽히 표현할 만한 음향이 없을 때도 있다. 이러한 경우에는 음향 편집 프로그램을 사용하여 음향을 제작하기도 한다.

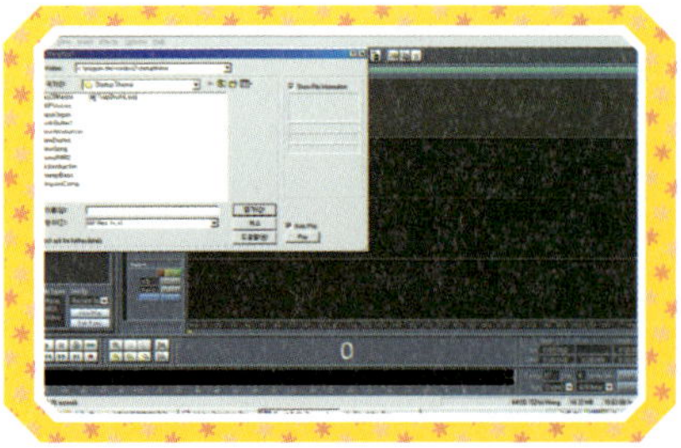

음향 편집 프로그램을 이용하여 여러 가지 음향을 편집하여 하나의 음향으로 제작할 수 있다.

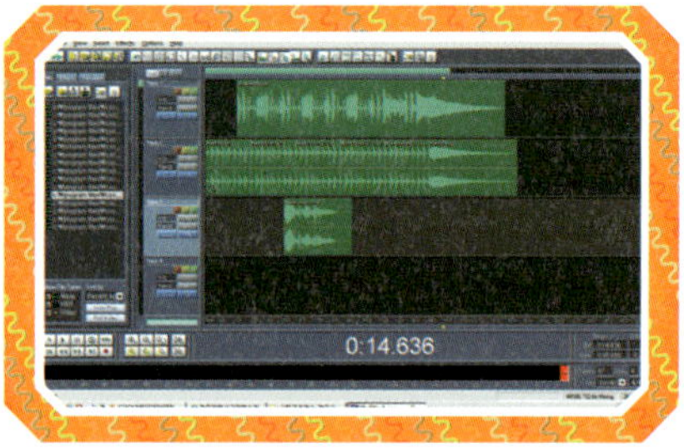

기존 음향 중 불필요한 부분만 선택하여 삭제할 수 있고 같은 부분을 반복하여 표현할 수도 있다.

4) 음향 기기 준비

음향 효과를 위해 음향을 선별하고 제작까지 하였지만 그것을 소화할 만큼의 충분한 음향 기구를 갖추고 있지 않다면 단지 소리만 낼 뿐이다. 음향 기기의 음폭과 음량이 충분하고, 믹싱 장치, 마이크 시설이 구비되어 있어야 하며, 공연장도 깨끗하고 변질되지 않은 소리를 만들어 낼 수 있어야 한다.

다음은 공연 시 음향 효과를 위해 음향 담당자가 준비해야 할 음향 기기다.

(1) 무선마이크 세트

인형을 조작하며 대사 처리까지 해야 하는 과학 인형극의 특성상 연기자는 무선마이크를 착용하고 무대에 오른다. 무선마이크의 성능에 따라 음질의 차이가 크다.

(2) 음향 믹서기

무선마이크나 악기의 음량 조절을 하는 장치다. 연기자마다 목소리 크기가 다르기 때문에 마이크 마다 음량 조절이 필요하다.

(3) 앰프

무선마이크나 악기의 음량을 증폭해 준다. 앰프 뒷면에는 마이크 또는 스피커와 연결할 수 있는 입출력 장치가 있다.

(4) 스피커

최적의 음향 효과를 표현하기 위해 스피커의 성능도 고려해야 한다. 가능하면 공연장 모든 면에 위치해 있는 것이 좋다.

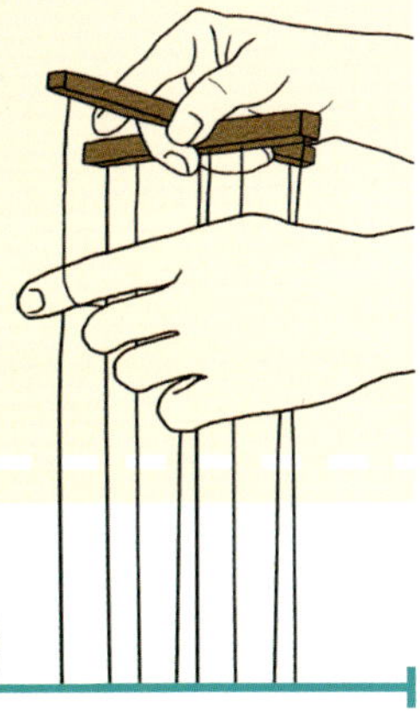

3 · 4 · 5 · 6 · 7 · **8** · 9

기타 효과 만들기

기타 효과는 조명 및 음향으로 연출되는 이외의 것을 말한다. 보통 연무기(smog machine, smoke machine)나 비눗방울기(bubble machine) 등 기계장치를 이용하여 효과를 연출한다.

1. 연무기

3~4m까지 연기를 내뿜는다. 구름이나 안개 효과를 연출한다.

• 산신령 등장과 함께 연무를 뿌려 줌

산신령: *(19. 산신령 등장)* (머리를 만지면서) 아이고~ 아이고~ 또 누가 도끼를 연못에 빠뜨렸어?

2. 비눗방울기

수많은 비눗방울이 퍼져 나가는 효과를 연출한다. 연무기처럼 신비스러운 효과를 낸다.

• 산신령이 도끼를 찾으러 연못으로 들어갈 때 비눗방울을 뿌려 줌

산신령: 알았다. 음. 다시 들어가야겠군. (두 손을 흔들며) 부글부글부글……. 부글부글부글……. 아참, 어린이 여러분 이 소리도 입에서 나는 소리가 절대 아니에요. 어험~ 부글부글부글(음향) (잠시 후 은도끼를 들고 나와) 그럼 이 은도끼가 네 것이냐?

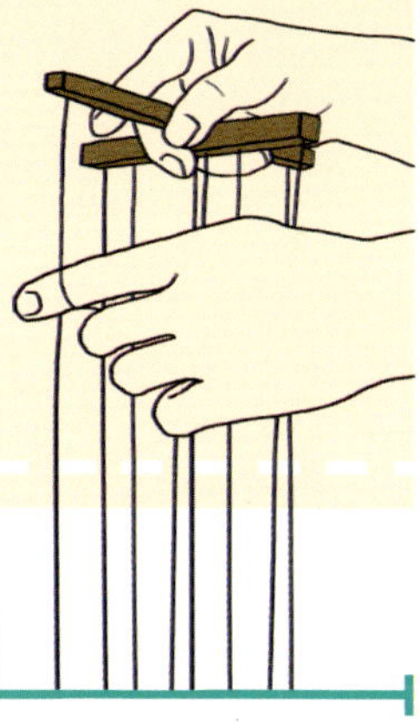

3·4·5·6·7·8·9

무대 소품 만들기

1. 무대 소품 만들기

1) 소품이란

무대 소품은 무대 대도구와 소도구로 나누어 부르기로 한다. 대도구는 무대 장치와 얼핏 구분 지을 수 없는 것, 이를테면 가구에 속하는 줄기와 바윗돌, 통나무 같이 연기자가 앉을 수 있는 것을 말한다. 소도구는 이러한 대도구에 딸리는 부속물과 연기자가 휴대하는 것을 말한다. 무대 소품은 연극 제작의 여러 요소 가운데서 소홀히 할 수 없는 중요한 것 중에 하나이며, 차츰 이 분야에도 전문적인 소품 담당자, 제작자, 취급자가 절실히 요구된다.

2) 소품 담당자의 역할

무대 소품의 디자인과 선택을 무대 장치자가 책임을 지는 경우도 있지만 이제는 분업되고 전문화되는 모든 추세에 힘입어 무대 소품 담당자도 전문적 예술가가 필요하다. 작품에 맞는 적절한 소품을 찾아내거나 적합한 것을 빌려 오고 또는 새롭게 디자인하여 만들어야 한다.

이러한 소품은 배우가 사용하기에 편리하고 크기도 적절하며 무대 전체의 구성과 조화를 이루어야 한다. 또한 이러한 것을 계획하고 제작하는 데도 적합하여야 한다. 특히 무대 소품은 시각적인 구성면에서 세부적인 디자인이 가장 중요시되어야 한다. 소품은 어떤 의미에서는 무대 장치의 성패를 가리는 핵심적이면서도 예술적인 감각의 소산이기 때문이다.

회화적인 효과가 두드러진 무대 장치가 주도하는 액자 무대, 프로시니엄 무대와 달리 시각적인 장면 처리를 거의 전적으로 소품에 의존하는 돌출 무대나 원형 무대에서 소품은 한층 더 효과적으로 사용된다. 그것은 프로시니엄 무대보다 위의 두 무대가 관객과의 거리가 가깝기 때문에 모든 소품은 세세한 부분과 완벽한 기술이 요구되기도 한다.

또 소품은 희곡에 적합하여야 한다. 가구나 소품을 선택하거나 디자인할 때 연출가와 상의하는 것은 희곡과의 적합성과 역할을 확인하기 위함이다.

우리 인형극에서는 물론 무대에 적합하게 제작된 사실적인 가구를 사용한다. 크기와 색은 무대의 전체적인 구성과 조화를 위하여 변형되기도 한다. 따라서 소품은 점점 더 비사실적으로 되어서 때로는 비현실적인 것 또는 과장된 것과 동일시하게 된다.

소품 담당자는 사용하는 방법도 익숙하여야 한다. 또 연기에 미치는 소품의 중요성이나 장식적인 특성을 평가할 수 있는 안목도 있어야 한다.

3) 무대 소품의 종류

소품은 꽤나 광범위하여서 크기나 용도에 따라 다음과 같이 분류하기도 한다.

(1) 휴대 소품

무대에서 연기자가 다루는 작은 물건, 즉 시계, 칼, 안경, 책 등 기타 이와 유사한 물품을 의미한다.

(2) 장치 소품

장치에 더 근사하게 연관을 맺는 한층 커다란 것, 그러면서도 연기자가 사용하는 것으로 가구, 난로, 싱크대, 무대 바닥천과 양탄자 등이다.

외부 장치 소품으로는 작은 바위, 통나무 등 연기자가 그 위에 서거나 앉을 수 있는 것과 숲, 나무, 이파리, 흙 모래, 잔디 등의 장치 소품은 소품 담당자가 무대 위 지정된 장소에 가져다 놓아야 하며, 적절한 장소에 치워 보관하는 책임을 져야 한다.

2. 과학인형극 속의 소품

1) 소품 종류

무대 감독은 필요한 소품을 목록으로 작성하여 준비해야 하며, 과학인형극에서 사용하는 소품은 다음과 같이 몇 가지로 분류할 수 있다.

세트 소품

바위, 나무 등과 같은 3차원적인 소품 세트 등

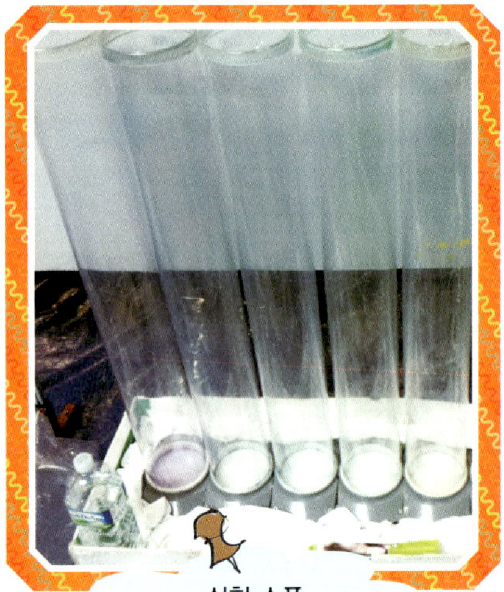

실험 소품

과학 실험 시 사용되는 도구나 보조 기구 등

연기 소품

음료수, 전화 등과 같이 연기자에 의해 다루어지는 작은 물건나 보조 기구 등

리허설 소품

연기자가 소품에 익숙해질 수 있도록 리허설 기간 동안에 대체물로 사용하는 물건

2) 소품 준비

목록만을 확인하는 것으로는 충분치 않다. 무대 감독은 소품 계획과 각각의 세트 소품에 대한 설계를 준비해야 한다. 평면도로 모든 세트 소품의 위치를 보여 준다. 또한 혼동을 피하기 위해 소품의 명칭은 대본에

기록해야 한다. 무대 감독은 연기에 필요한 개인 소품을 점검해야 하고, 연기자가 무대에 올라갈 때 필요한 소품이 모두 준비되어 있는지도 확인해야 한다.

3) 소품 관리

공연을 위해 이동이 잦은 과학인형극의 특성상, 전체 소품의 보관과 안정성을 고려한 목록화 및 세트화는 필수적이다.

목록표

모든 소품 및 무대 장치는 항목별로 세트화해야 한다.

소품 상자

내용물의 양과 무게까지 고려해야 상자의 이동이 쉽다.

제3부

과학인형극 공연

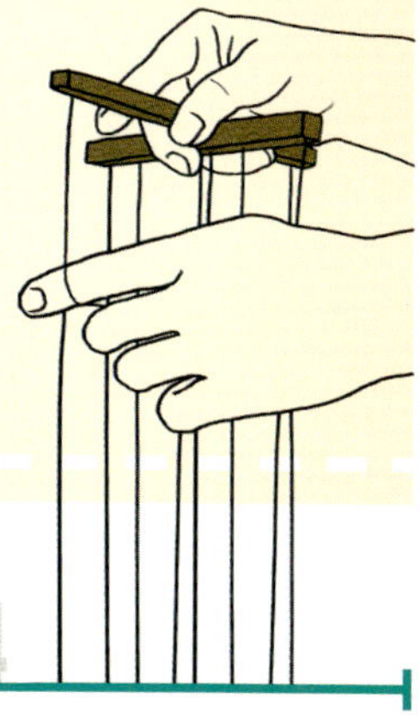

10 · 11 · 12 · 13 · 14

과학 실험 세트 만들기

1. 과학 실험의 중요성

과거의 과학교육은 교과서와 문제 풀이 위주의 암기 과목이었지만 최근 과학교육은 과목 간의 연계와 실생활의 응용이라는 측면에서 중요시되고 있다. STEAM 교육의 일환으로 아이에게 과학의 창의성, 사고 능력, 탐구 능력을 효과적으로 길러 주기 위해서는 어떻게 해야 하는가?

과학이라는 학문은 실험을 통해서 증명하고 보편적 이론과 정의를 만들어 낸다. 단지 책과 설명만을 통해서 과학적 현상을 이해하는 것보다 직접 보고 경험하는 실험을 통해 과학 개념이나 원리를 훨씬 오랫동안 기억에 남길 수 있다. 또한 한번 경험한 실험은 관련된 응용 문제도 쉽게 해결할 수 있는 높은 수준의 사고력을 형성시켜 준다. 그렇기에 과학 실험의 중요성은 과학교육에서 아무리 강조해도 지나치지 않다.

이에 과학인형극 속에 올바르고 재미있는 과학 실험을 설계하여 투입하는 것이 무엇보다도 중요하다. 단순히 즐겁게 인형극을 관람하는 것으로만 끝나는 것이 아니라 공연 속에서 과학 개념, 원리를 자연스럽게 체득할 기회를 제공하는 것이 공연의 본질적인 의도이기 때문이다. 인형극 속, 과학 실험 세트 만드는 과정은 〈표 10-1〉과 같다.

〈표 10-1〉 과학 실험 세트 만드는 과정

과학 실험 세트 만들기
과학 실험 수집
↓
과학 실험 구조화
↓
과학인형극 과학 실험 선정
↓
과학인형극 과학 실험 준비

2. 과학 실험 수집

21세기 정보화 시대의 특징에 맞게 여러 정보가 매우 다양하기에 각자가 다양한 매체에서 자신에게 꼭 필요한 과학 실험을 수집할 수 있어야 한다. 이러한 과학 실험 수집 방법은 매체의 성격적 특징에 따라 〈표 10-2〉와 같이 제시할 수 있다. 이러한 다양한 매체를 통하여 과학 실험 관련 내용을 수집, 정리하여 필요할 때 사용할 수 있도록 한다.

〈표 10-2〉 과학 실험 수집 방법

매체	특징
교과서	초 · 중 · 고등학교 교육과정 속의 과학 교과 속 실험 내용을 분석하여 적절한 내용을 추출한다.
인터넷	과학 관련 블로그, 카페 활동을 통하여 유용한 정보를 수집하고 유투브 등을 이용한 동영상 검색을 생활화한다.

공연	과학 마술쇼, 과학 개그쇼, 과학 마임, IT 과학쇼, 과학 레크리에이션 등을 관람하여 아이디어를 얻는다.
연수	과학 실험 연수 등의 과학 관련 연수를 통하여 새로운 아이디어를 얻는다.
인쇄 매체	과학 관련 도서, 정기 간행물을 통하여 좋은 아이디어를 정리한다.

3. 과학 실험 구조화

과학 실험을 수집만 한다고 바로 인형극에 사용할 수 있는 것은 아니다. 어떠한 실험인지, 무슨 원리를 이용한 것인지, 어떤 대주제와 관련되어 있는 것인지 정리를 하는 작업이 선행되어야 한다. 정리된 과학 실험은 물리학, 화학, 생물학, 지구과학의 네 영역으로 구분되며 이들 영역의 주요 탐구 내용은 다음 〈표 10-3〉과 같다.

〈표 10-3〉 과학 영역별 탐구 내용

영역	주요 탐구 내용
물리학	주로 자연의 힘과 운동 및 에너지를 탐구한다. 즉, 물질의 본질을 이해하기 위하여 원자를 이루는 여러 가지 소립자와 그들 간의 상호관계 및 운동, 물체에 작용하는 힘, 여러 가지 에너지(열, 소리, 빛, 전기, 자기) 등에 대하여 탐구하는 학문이다.
화학	주로 물질의 성질과 구성을 탐구한다. 즉, 원자와 분자, 이온 등의 미시적인 물질 세계와 우리가 실생활에서 사용하는 거시적인 물질 세계의 성질과 변화를 탐구하는 학문 분야다.
생물학	주로 생명의 구조와 기능을 탐구한다. 즉, 실물과 동물 등의 생명체를 대상으로 발생, 유전, 진화, 생태 등을 탐구하는 학문 분야다.
지구과학	지구와 천체 및 우주에서 일어나는 모든 자연 현상을 종합적으로 탐구한다. 즉, 지구의 역사, 지각과 지구 내부의 구조 및 물리적 성질, 해양과 대기의 구조와 구성 물질 및 변화와 상호작용, 그리고 태양계와 우주의 구성 천체 및 운동 등을 탐구한다.

공연 전 과학 실험 구조화 작업은 차후에 필요할 때 원하는 영역과 주제에 따라 바로 찾아 쓸 수 있고, 내용 파악이 쉽다는 장점이 있기에 반

드시 필요한 작업이다.

4. 과학인형극 과학 실험 선정

실제 공연에 투입하기 위하여 인형극 대본에 과학 실험 내용을 삽입하여야 한다. 기존의 완성된 대본에 적용 가능한 부분을 추출한 후, 공연에 보여 줄 수 있는 과학 실험을 대본화한다.

〈표 10-4〉 '별주부전' 대본 과학 실험 삽입 장면

- 적용된 과학 원리: 페놀프탈레인 용액의 염기성 색 변화
- 적용된 공연 장면: 용왕의 병을 치료하기 위한 약을 찾는 장면

기존 대본	대갈공명: 네, 용왕님~ 그 물건은 토끼의 간입니다. 용왕: 토끼의 간? 육지에 사는 토끼를 말이냐? 대갈공명: 맞습니다. 그것으로 탕을 만들어 드시면 치료될 것입니다. 그럼 저는 이만(퇴장)
↓	
과학 실험 삽입 후 대본	대갈공명: 네, 용왕님~ 그 물건은 이 비밀 종이에 있습니다. (스모그와 함께 종이 등장) 용왕: 어? (종이를 탁탁 치면서) 도대체 어디에 써 있단 말이냐? 대갈공명: 자 보시지요. (배경음악과 함께 종이에 스프레이를 뿌리면 토끼의 간 글씨가 나타난다.) 여러분~ 함께 읽어 볼까요? (관객이 '토끼의 간'을 읽으면) 용왕: 토끼의 간? 육지에 사는 토끼를 말이냐? 대갈공명: 맞습니다. 이것으로 탕을 만들어 드시면 치료될 것입니다. 그럼 저는 이만(퇴장)

※ 밑줄 친 부분: 과학 실험 관련 내용

과학 실험 내용을 삽입할 때 고려할 점은 다음과 같다.

첫째, 공연 흐름에 개연성이 있게 적용할 수 있는가?

둘째, 전달하고자 하는 개념이 너무 어렵지 않고, 아이들이 이해할 수

있는 수준인가?

셋째, 실제 공연에서 보여줄 때 효과가 확실하여 공연의 재미를 고조시키는 데 도움을 줄 수 있는가?

5. 과학인형극 과학 실험 준비

과학 실험을 적용한 대본 작업이 완료되면 반드시 실제 실험을 실시해 보아야 한다. 실험실 수준에서의 실험과 공연에서 이루어지는 실험은 판이하게 다르기 때문이다.

먼저 실제 실험을 실시하여 어떻게 이루어지는지 실험 결과를 파악한 후, 잘 이루어지지 않았다면 원인을 파악하여 수정하여야 한다. 그 후 실험의 공연 적용이 가능하게 대형화 작업을 해야 한다. 다양한 각도, 다양한 거리에서 공연을 보는 수많은 관객이 동일하게 실험의 원리와 효과를 파악할 수 있도록 변수를 없애기 위해서 필수적인 과정이다.

이러한 실험의 과정과 결과를 바탕으로 필요한 재료와 물품을 구입한 후, 세트화하여 보관한다. 이 때 구입하기 어려운 물건은 다소 수고스럽더라도 직접 제작하는 것도 하나의 방법이다.

실제 인형극 공연에서 대형화, 세트화하여서 적용한 과학 실험 장면은 다음과 같다.

1) 금도끼 은도끼

연못 색깔 바꾸기

무지개 거품

나무줄기 모양

풍선 발화점

내용	장면	과학적 요소
연못 색깔 바꾸기	나쁜 나무꾼에게 산신령이 퀴즈를 냄	액체의 지시약에 따른 반응
무지개 거품	착한 나무꾼에게 산신령이 무지개를 선물함	기체 발생
나무줄기 모양	나무의 줄기가 원형인 이유를 개박사가 등장하여 설명	줄기에 관련된 식물 형태학
풍선 발화점	나쁜 나무꾼을 혼내 줄 어린이 선발	발화점의 원리

2) 시골쥐 서울쥐

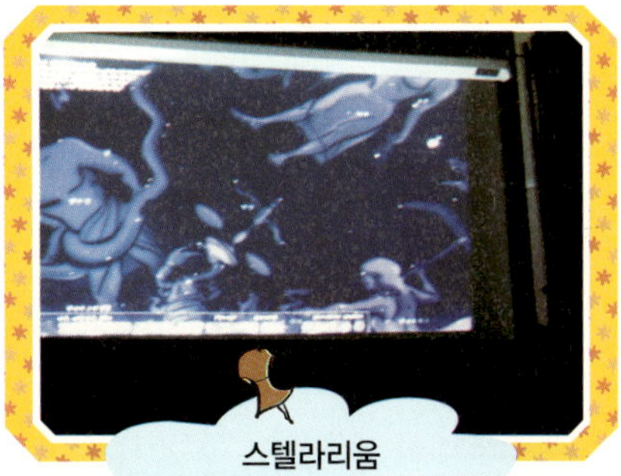

스텔라리움

공기 대포

색깔 변하는 음료수

생수통 찌그리기

내용	장면	과학적 요소
스텔라리움	시골쥐가 서울쥐에게 시골의 밤하늘을 보여 주는 장면	별의 일주 운동
공기 대포	고양이가 비장의 무기로 쥐들을 혼내 주는 장면	파스칼의 원리
색깔 변하는 음료수	시골쥐가 서울쥐에게 음료수를 주는 장면	액체 성질에 따른 지시약의 반응
생수통 찌그리기	고양이의 분노가 폭발하는 장면	공기 기압차의 원리

3) 별주부전

비밀 글씨

계영배

레이저 문

간이 비중계

내용	장면	과학적 요소
비밀 글씨	대갈공명이 용왕이 나을 수 있는 비법의 약을 주는 장면	페놀프탈레인 용액 색 변화
계영배	토끼가 용궁으로 가기 위하여 물속을 지나가는 장면	사이펀의 원리
레이저 문	용궁에 들어가기 위한 마지막 관문을 통과하는 장면	레이저가 반사되는 성질
간이비중계	토끼가 용왕을 낫게 하기 위하여 배를 주는 장면	농도의 차이에 따른 비중 조절

6. 과학인형극 속 과학 장면

하나의 현상을 설명하는 과학적 원리는 동일하지만 공연에 효과적으로 보여 주는 방법에는 많은 차이가 있기 때문에 수많은 시행착오의 과정을 거치게 된다. 많은 고민을 거쳐 선정한 과학 실험에 대하여 이곳에 소개하고자 한다.

1) 연못 색 바꾸기

과학 원리	용액의 성질에 따른 색 변화
실험 과정	• 물에 수산화나트륨을 넣는다. • 페놀프탈레인 용액을 넣어서 붉게 변화시킨다. • 식초를 이용하여 다시 투명하게 되돌린다.
공연 속 적용 방법	미리 무대 앞에 준비되어 있던 연못을 이용하여 보조 출연자가 용액을 부어 색을 변화시킨다.
극중 효과	산성, 염기성 액체에 지시약의 색깔 변화를 이용하여 과학의 신비함을 보여준다.

유의 사항

〈지시약의 산성도에 따른 색상 변화〉

	산성	중성	염기성
리트머스지	붉은색	·	
BTB	노란색	초록색	
메틸오렌지	붉은색	주황색	
페놀프탈레인	무색	무색	

※비밀 글씨 실험 또한 동일한 원리를 이용하여 실험 가능하다.

2) 거품 무지개

과학 원리	드라이아이스의 승화 원리
실험 과정	• 드라이아이스를 망치를 이용해 잘게 부순다. 잘게 부순 드라이아이스는 7개의 종이컵에 담아 둔다.(주방용 랩으로 덮어 준다.) • 다른 종이컵에 물감(빨, 주, 노, 초, 파, 남, 보)과 주방용 세제, 물을 유리막대로 잘 섞는다. • 물감, 물, 세제를 섞은 용액을 각각의 통에 붓는다. • 잘게 부수어 놓은 드라이아이스를 각각의 긴 통에 붓고 반응을 관찰한다.
공연 속 적용 방법	실제 실험이 시작되면 무대 위로 통을 올린 후, 보조 출연자가 컵에 담긴 드라이아이스를 붓는다.
극중 효과	거품 무지개로 분수 효과를 만들어 아이들을 동심의 세계로 안내할 수 있다.
유의 사항	• 세제의 양에 따라 거품이 올라오는 속도가 달라지기 때문에 양을 잘 조절해야 한다.

유의 사항	• 드라이아이스의 온도는 무려 -78.5℃까지 내려가므로 드라이아이스를 만지거나 취급할 때에는 반드시 동상에 걸리지 않도록 장갑을 끼도록 한다. ※대체 실험- 교실 안에서 이산화탄소 발생 실험을 위해 사용하는 재료를 활용할 수 있다. 즉, 물감, 세제, 물, 탄산수소나트륨을 잘 섞어 메스실린더에 부어 두고, 식초를 각각의 메스실린더에 부어 반응시켜 주면 동일한 효과의 거품 무지개를 만들 수 있다.

3) 공기 대포

과학 원리	파스칼의 원리
실험 과정	• 공기 대포는 포신 안의 공기를 고속으로 외부로 방출시키는 발사 장치를 의미한다. • 사각 상자의 입구에 동그랗게 구멍을 뚫어 공기 대포를 제작한다. • 공기 대포에 연무기를 이용하여 연기를 채운다. • 원하는 대상을 향하여 통을 타격하여 발사한다.
공연 속 적용 방법	레크리에이션 과정에서 탈 인형을 쓴 보조 출연자를 이용하여 관객이 실제로 대포를 발사해 보도록 한다.
극중 효과	공기 대포의 스모그 연기를 발사하여 촛불을 끄는 활동으로, 평소에는 눈에 보이지 않지만 실존하는 공기의 위력을 보여 줄 수 있다.
유의 사항	• 공기의 압력이 높을수록, 부피가 줄어들수록 발사되는 강도는 세진다. • 항상 동일한 위치를 동일한 세기로 타격하는 것이 동일한 위력을 발휘하는 데에 중요하다. ※ 파스칼의 원리 밀폐된 용기에 담긴 유체에 가해진 압력은 유체의 모든 부분과 유체를 담은 용기의 벽까지 그 세기가 감소되지 않고 전달된다. 이는 압력이 변할 때 기체의 부피가 바뀐다는 것만 알면, 액체뿐만 아니라 기체의 경우에도 적용할 수 있다.

4) 생수통 찌그리기

과학 원리	공기 기압차의 원리
실험 과정	• 분무기에 에탄올을 채워 넣는다. • 생수통에 분무기 속의 에탄올을 분사한다. • 종이컵을 이용하여 생수통의 입구를 막은 후, 에탄올 입자가 고루 퍼지도록 흔들어 준다. • 종이컵을 살짝 들고 생수통 입구에 점화기로 불을 붙인다. • 재빨리 종이컵으로 입구를 막는다. • 생수통이 완전히 찌그러진 후 종이컵을 제거하면 다시 원래대로 돌아온다.
공연 속 적용 방법	실제 실험이 시작되면 무대 위로 생수통을 올린 후, 보조 출연자가 불을 붙인다.
극중 효과	생수통 외부와 내부의 기압차를 발생시켜 생수통 내부에 기압이 낮은 상태에서 외부의 공기압을 이기지 못한 생수통이 찌그러들게 하고 종이컵을 제거하면 원래의 모양으로 돌아오게도 할 수 있다.
유의 사항	• 화기를 다루는 실험이므로 화재 예방에 주의해야 한다. • 생수통 입구에 얼굴을 가까이 대지 않도록 주의해야 한다. • 에탄올이 들어 있는 분무기를 생수통과 가까이 놓지 않도록 해야 한다.

5) 디지털 현미경

과학 원리	배율 조절을 통한 관찰
실험 과정	• 디지털 현미경 드라이버를 공연용 컴퓨터에 인스톨한다.
실험 과정	• 디지털 현미경의 USB 포트를 공연용 컴퓨터와 연결한다. • 공연용 컴퓨터를 스크린에 연결한다. • 디지털 현미경을 관찰 사물에 접근 시킨 후 원하는 배율로 조정하고 초점을 맞춘다. • 스크린에 나타난 사물의 확대 장면을 관찰한다.
공연 속 적용 방법	가면을 쓴 보조출연자를 이용하여 공연 속 인형의 지시에 따라 디지털 현미경을 조작하여 관찰한다.
극중 효과	쉽게 조작이 가능하고 큰 화면을 통하여 보여 줄 수 있기 때문에 다양한 사물의 세밀한 모습에 대한 호기심을 기를 수 있다.
유의 사항	• 제조사 및 제품에 따라 배율의 차이가 있다. • 화면에 보이는 사진 파일을 저장하여 필요한 상황에 재사용이 가능하다. • 초점이 맞지 않는 경우가 종종 있기 때문에 측정하려는 사물에 맞게 배율을 잘 조절해야 한다. • 전자 기기이므로 다루는 데 세심한 주의가 필요하다.

6) 스텔라리움

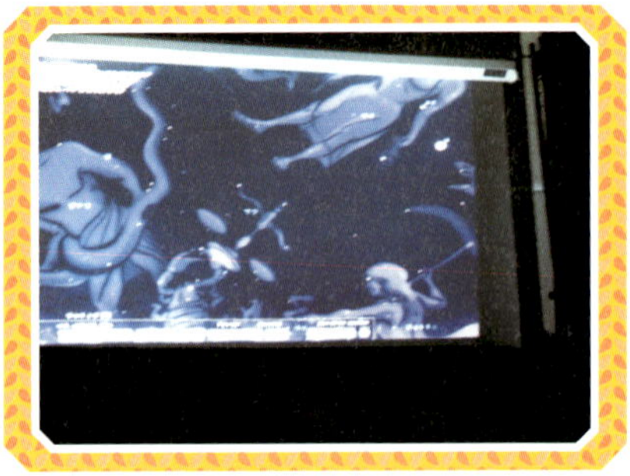

과학 원리	천문 관측 프로그램
실험 과정	• 스텔라리움 다운로드 사이트에 접속한다. (http://www.stellarium.org-프리웨어) • 설치 후, 실행 아이콘을 활용하여 프로그램을 실행한다. • 관측 지역, 관측 시간을 설정한다. • 관측하고자 하는 대상을 관측한다. • 스크린을 통하여 공연 중 상영한다.
공연 속 적용 방법	공연 속 인형의 지시에 따라 컴퓨터를 조작하는 스태프가 화면을 조작하여 연출한다.
극중 효과	다양한 천체, 천문 현상을 무대에서 국가, 연대, 시간, 기상에 구애 받지 않고 관측할 수 있다.
유의 사항	• 프로그램 사용법에 익숙해지는 데 어느 정도 시간과 노력이 필요하다.
유의 사항	• 개기일식, 부분일식, 개기월식, 부분월식 등의 다양한 천문 현상도 관측 가능하다. ※ 스텔라리움 대체 프로그램 구글 어스(Google Earth), 스태리 나잇(Starry night), 월드 윈드(World wind)

7) 간이비중계

과학 원리	농도 차이를 이용하여 밀도를 높여 부력 상승
실험 과정	• 긴 통에 물을 반 이상 넣는다. • 물속에 배(가라앉는 물체)를 넣는다. • 농도가 진한 소금물을 패트병에 담는다. • 마개를 열고 통에 소금물을 붓는다. • 배가 떠오르는 모습을 관찰한다.
공연 속 적용 방법	물속에 가라 앉아 있는 배를 소금물을 첨가하여 물 위로 띄운다.
극중 효과	가라 앉아 있는 배를 손대지 않고 띄워서 관객에게 신비함을 유발한다.
유의 사항	• 물에 가라앉는 과일을 사용해야 한다. 일부 과일은 보통의 물에서도 뜨기 때문이다. • 사전 실험을 통해 농도를 정량화하여 소금물을 첨가했을 때 과일이 뜰 수 있도록 조절한다. • 실험을 소개하며 소금물의 다양한 특징(전기전도도, 끓는점과 어는점의 변화, 삼투현상)을 함께 설명하는 것도 좋은 방법이다.

8) 레이저 문

과학 원리	레이저가 거울에서 반사되는 성질
실험 과정	• 사각 수조 모양으로 한 면에 거울이 부착된 아크릴을 준비한다. • 통 안으로 레이저를 쏘아 거울을 이용하여 반사시킨다. • 위, 아래로 조절하면서 반사되는 횟수, 굴절각 등을 조절하여 다양한 효과를 보여 준다.
공연 속 적용 방법	어두워진 무대에서 레이저를 이용하여 거울에 반사되는 다양한 반사각을 보여 준다.
극중 효과	거울의 방향, 레이저 입사각을 조절하여 다양한 형태의 레이저를 보여 줄 수 있다.
유의 사항	• 레이저가 나아가는 모습이 잘 보이지 않을 때, 스모그 연기를 이용한다면 좀 더 선명하게 보여 줄 수 있다. • 레이저를 입사시킬 때 각도를 조절하여 다양하게 반사되는 효과를 보여 주는 것이 좋다.

9) 계영배

과학 원리	사이펀의 원리
실험 과정	• 밑에 구멍이 뚫려 있고 그 구멍에 호스가 연결된 사각 수조를 준비한다. • 수조의 호스가 전부 잠기지 않을 만큼의 물을 수조에 채운다. • 호스 반대편에 빠지는 물을 받을 수 있는 빈 통을 연결한다. • 호스의 꺾인 부분이 완전히 잠기도록 물을 조금씩 부으며 물이 빠지는 모습을 관찰한다.
공연 속 적용 방법	수조의 물을 적당히 채워 바다를 꾸민 후, 물을 점점 채워서 완전히 빠지도록 한다.
극중 효과	물을 없애기 위하여 물을 채우는 아이러니한 상황을 통해 관객에게 탄성을 자아낼 것이다.
유의 사항	• 조상의 슬기가 담긴 계영배 술잔, 평소에 사용하는 변기를 이용하면 원리를 설명하는 데 도움이 된다. • 사이펀의 원리를 통해 '과유불급(過猶不及)'의 이치 또한 함께 알려 줄 수 있다. ※ 사이펀의 원리 높은 쪽의 액면에 작용하는 대기압으로 액체가 관 안으로 밀어 올려지는 것을 이용한 것

10) 빛 그림 사진

과학 원리	카메라 셔터스피드 조절을 통한 촬영
실험 과정	• LED등을 원하는 모양에 맞게 개수, 색깔을 맞추어 준비한다. • 카메라의 셔터스피드를 조절한다. • 스태프가 자신이 맡은 부분의 모양을 그린다. • 카메라로 촬영한다. • 촬영한 파일을 컴퓨터로 전송하여 큰 화면으로 보여 준다.
공연 속 적용 방법	스태프가 다양한 색상의 LED등을 이용하여 모양을 만든 후 카메라로 촬영한다.
극중 효과	어두운 무대에서 LED등을 이용하여 토끼의 모양을 만들어 낸 후, 화면으로 보여 주어 관객의 호기심을 자극한다.
유의 사항	• 동작을 그릴 수 있는 시간 이상으로 셔터스피드를 조정하여야 한다(2초 이상). • 카메라가 흔들리면 초점이 맞지 않을 수도 있으므로 삼각대를 준비하여 촬영하는 편이 좋다. • 카메라와 LED등만 있으면 쉽게 가능하므로 교실에서 아이들과 다양한 그림을 연출하여 실제 찍어 확인해 보는 것도 좋은 방법이다.

7. 과학인형극 속 과학 실험 내용

공연 속에서 보여 주는 과학 실험이 학교 현장과 멀리 떨어져서 이루어진다면 인형극의 의미를 찾기 어려울 것이다. 이에 실제 교실에서 학생과 함께 과학 원리를 즐기며 깨우치는 것 또한 하나의 즐거움이라고

할 수 있다. 그래서 몇 가지 과학 실험 설계 과정과 참고 자료를 소개하고자 한다.

1) 팡! 팡! 공기 대포

학습 목표	• 공기 대포의 원리 알아보기 • 페트병을 이용하여 공기 대포 만들기
준비물	500ml 페트병, 풍선, 가위, 칼, 접착테이프, 초, 점화기

활동 전개 과정

페트병의 입구에서 바닥 방향으로 2/3 지점을 칼로 자르고 가위로 다듬는다.

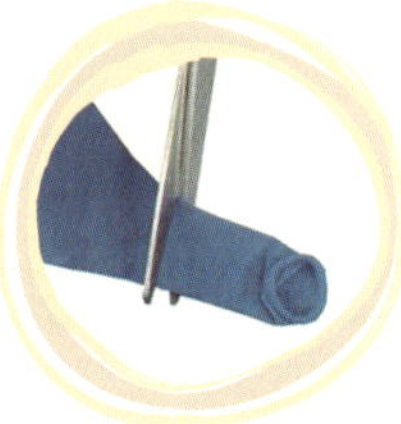

고무풍선의 입구 부분을 가위로 자른다.

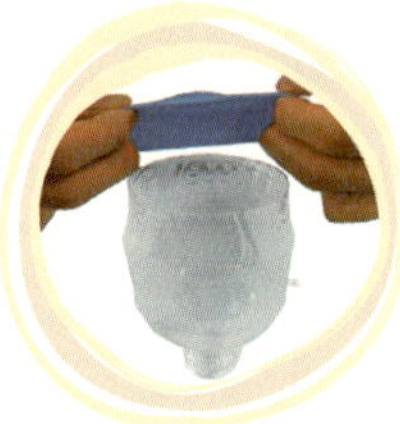

풍선을 페트병의 자른 면에 팽팽하게 뒤집어 씌우고 접착테이프로 고정시킨다.

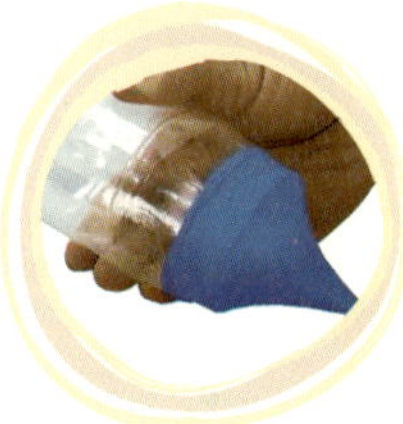

풍선을 잡아 당겼다가 놓으면 발사된다. 점화기로 불을 붙인 촛불을 꺼 본다.

〈참고 자료〉

• 공기 대포의 발사 원리

- 공기 대포는 포신 안의 공기를 고속으로 외부로 방출시키는 발사 장치를 의미한다. 후면의 탄성을 갖는 고무풍선을 부착시키는 것은 고무풍선을 잡아당김으로써 포신 내부의 공기의 압력은 높아지고 부피는 줄어들게 된다. 이렇게 공기의 압력이 높아지고 부피가 줄어든 상태에서 갑자기 고무풍선을 놓게 되면, 고무풍선의 탄성이 순간적으로 포신 내부의 공기를 밀어 냄으로써 원래 상태로 공기의 압력이 낮아지고, 부피가 늘어나게 됨으로써 포신 입구로 강한 압력으로 공기가 방출된다. 또한 좁은 입구는 압축된 공기가 순간적으로 팽창하는 내부의 압력을 유지시키는 기능을 하여 강한 압력으로 발사될 수 있게 한다. 이러한 원리는 손가락으로 스프링을 눌렀을 때와 비교해 보면 쉽게 이해할 수 있다. 손가락으로 스프링을 누르는 것은 스프링 자체에 높은 압력이 작용하게 되고, 원래의 길이에 비해 그 길이가 짧아지게 된다. 이 상태에서 스프링을 놓으면 순간적으로 튀어 오르며 원래의 모습을 되찾게 된다. 공기 대포 발사 원리와 관련이 있는 공기의 압력이 높을수록, 보다 부피가 줄어들수록 발사되는 강도는 세진다.

2) 거품 무지개

학습 목표	• 드라이아이스의 특성 알아보기 • 거품 무지개 만들어 보기
준비물	메스실린더 7개, 종이컵 14개, 주방용 랩, 가위, 물감, 주방용 세제, 드라이아이스, 망치, 장갑, 유리막대, 깔대기

활동 전개 과정

드라이아이스를 망치를 이용해 잘게 부순다. 잘게 부순 드라이아이스는 7개의 종이컵에 담아 둔다(주방용 랩으로 덮어 준다.).

다른 종이컵에 물감(빨, 주, 노, 초, 파, 남, 보)과 주방용 세제, 물을 유리 막대로 잘 섞는다.

물감, 물, 세제를 섞은 용액을 각각의 메스실린더에 붓는다.

잘게 부수어 놓은 드라이아이스를 각각의 메스실린더에 붓고 반응을 관찰한다.

〈참고 자료〉

• 드라이아이스란
- 이산화탄소를 높은 압력, 낮은 온도의 조건에 맞추어 고체로 변화시킨 물질로, 고체 탄산이라고도 한다. 우리 주변에서 드라이아이스는 아주 가까이에서 찾아볼 수 있다. 아이스크림을 녹지 않게 집까지 포장해서 가지고 올 때 아이스크림과 함께 넣어 주는 흰색의 덩어리는 얼음처럼 생겼지만 얼음과는 전혀 다른 물질이다. 드라이아이스라는 이 물질은 고체 상태에서 녹아 바로 기체로 변화하는 승화성을 띠기 때문에 주위의 열을 흡수하여 온도를 급격히 낮춘다. 그러므로 함께 담겨진 물질을 차갑게 유지시키는 냉각제로 널리 쓰인다.
- 드라이아이스의 승화 시 발생하는 이산화탄소는 세균과 곰팡이 등 미생물의 번식을 억제하는 효과가 있는 것으로 확인되면서 냉동식품의 보관에 폭넓게 사용되고 있으며, 드라마에서 공동묘지 분위기를 내거나 무대에서 노래하는 가수의 발밑으로 안개 효과를 낼 때에도 드라이아이스가 쓰이고 있다.

• 거품 무지개 만들기 재료의 역할
- 물감: 무지개 고유의 색상을 표현한다.
- 드라이아이스: 얼음과 달리 상온에서 승화성(고체 → 기체)을 갖기 때문에 물과 만나 급격하게 기체(이산화탄소)로 변화한다.

- 주방용 세제: 드라이아이스와 물이 만나면서 드라이아이스에서 급속한 속도로 이산화탄소가 발생되는데, 이때 발생되는 이산화탄소 기포는 주방용 세제의 도움으로 거품 지속력을 갖게 된다.

• 거품 무지개 만들기의 대체 실험
- 거품 무지개 만들기는 이산화탄소를 이용한 실험이다. 따라서 교실 안에서 이산화탄소 발생 실험을 위해 사용하는 재료를 활용할 수 있다. 즉, 물감, 세제, 물, 탄산수소나트륨을 잘 섞어 메스실린더에 부어 두고, 식초를 각각의 메스실린더에 부어 반응시켜 주면 동일한 효과의 거품 무지개를 만들 수 있다.

• 이런 점은 주의
- 드라이아이스의 온도는 무려 -78.5℃까지 내려가므로 드라이아이스를 만지거나 취급할 때에는 반드시 동상에 걸리지 않도록 장갑을 끼도록 한다.

3) 교실 안의 우주: 스텔라리움

학습 목표	• 스텔라리움의 설치와 간단한 활용법 알아보기
준비물	개인용 컴퓨터

활동 전개 과정

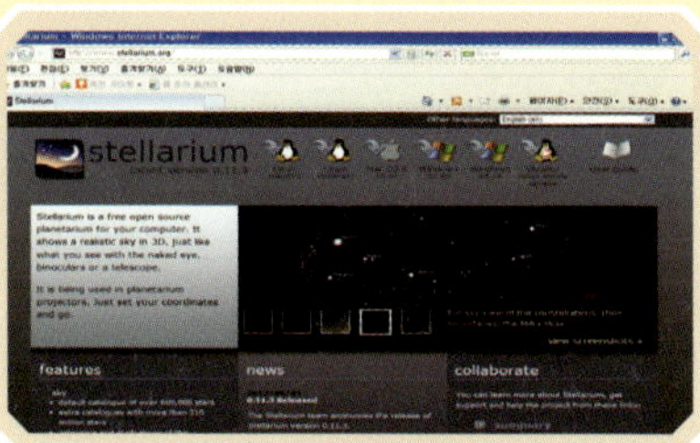

스텔라리움 다운로드 사이트에 접속한다. (http://www.stellarium.org)

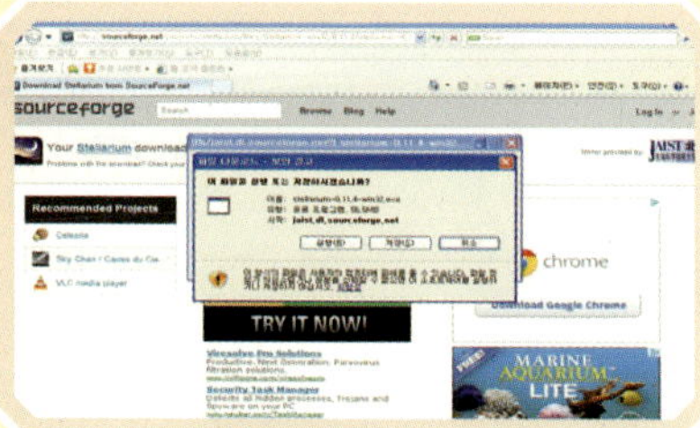

사이트 상단을 클릭하여 다운로드 받은 후, 지시사항에 따라 프로그램을 설치한다.

>>>

설치 후, 실행 아이콘을 활용하여 프로그램을 실행한다.

프로그램을 시작한다.

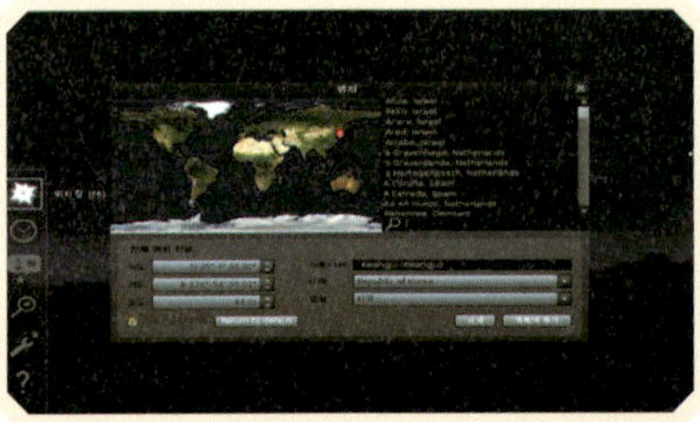

관측 지역을 설정한다.

관측 시간을 설정한다.

관측하고자 하는 대상을 관측한다.

〈참고 자료〉

- 스텔라리움(stellarium)
  - 개인용 컴퓨터를 이용하여 천문 관측을 할 수 있는 프로그램이다. 프리웨어로 불특정 다수의 사용자에게 무료로 제공되는 프로그램이다. 프로그램 자체 내에서 다양한 천문 천체를 관측할 수 있다. 또한 개기일식, 부분일식, 개기월식, 부분월식 등의 다양한 천문 현상도 관측할 수 있다.
  - 학생을 대상으로 스텔라리움을 활용하면 다양한 천체, 천문 현상을 교실에서 국가, 연대, 시간,

기상에 구애받지 않고 관측할 수 있다는 장점이 있다.

- 스텔라리움 대체 프로그램
  - 구글 어스(Google Earth): 구글에서 제공하는 지도 제공 서비스다. 지도 외에도 3D 로드뷰 기능이 있으며, 달, 화성 등의 천체도 관측할 수 있다.
  - 스태리 나잇(Starry night): 지구에서 천체를 관측하듯이 다양한 천체를 관측할 수 있으며 아주 작은 소행성까지도 3D로 제작되어 있다. 용량이 다소 크다.
  - 월드 윈드(World wind): NASA에서 제공하고 있으며, 인공에서 지구 전체를 살필 수 있는 프로그램이다. 화산, 허리케인, 쓰나미 등의 기상 상태도 제공된다.

4) 비밀의 메모

학습 목표	• 지시약의 특성을 이해할 수 있다. • 비밀 메모해 보기 • 지시약과 산성과 염기성 용액을 활용하여 용액의 색깔 변화 시켜 보기
준비물	A4용지, 페놀프탈레인 용액, 수산화나트륨 용액, 비커 3개, 붓, 분무기

활동 전개 과정

붓에 페놀프탈레인 용액을 묻혀 A4 용지에 자신이 원하는 글씨를 쓴다.

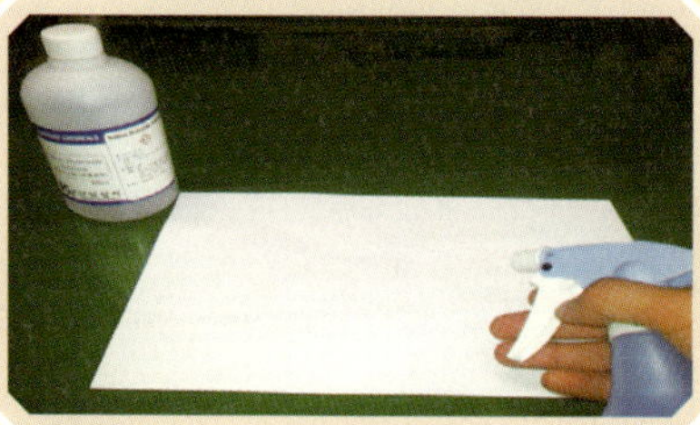

분무기에 수산화나트륨 용액을 담아 뿌려 본다(A4 용지에서 용액의 반응으로 나타난 글자를 확인한다.).

비커에 물을 담고 페놀프탈레인 용액을 넣는다.

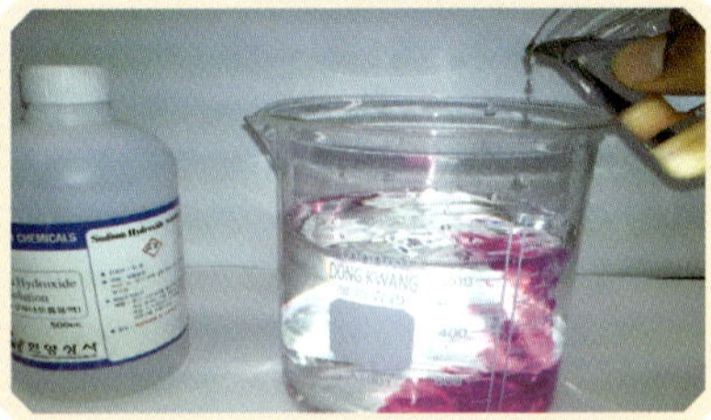

물과 페놀프탈레인 용액이 섞인 비커에 수산화나트륨 용액을 넣은 후, 색깔 변화를 관찰한다.

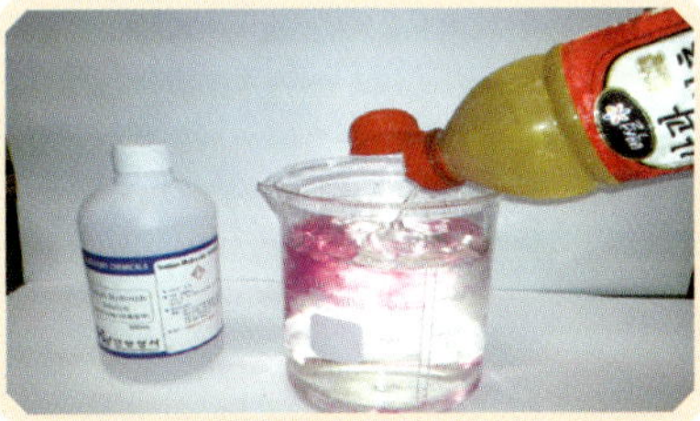

색깔 변화를 관찰한 후, 다시 식초를 부어 원래의 투명한 색으로 돌아오도록 만들어 본다.

〈참고 자료〉

- 지시약이란
  - 용액의 화학 반응에서 일정한 상태를 판별하는 데 사용하는 시약을 의미한다. 대표적으로 산염기 지시약이 있다. 즉, 산성과 염기성의 상태에 따라 색깔의 변화가 나타는 지시약을 의미한다. 지시약에 '안토시아닌'이라는 색소 성분을 이용하여 다양한 지시약이 존재하며, 색깔의 변화 역시 다양하게 나타난다.
- 지시약의 종류와 색깔의 변화
  - 지시약은 화학적 반응을 통해 만들기도 하지만 일상 주변에 있는 장미꽃, 붓꽃, 포도껍질, 나팔꽃 등을 활용하여 직접 만들 수 있다.
  - 지시약의 종류에 따라 산성과 염기성과 반응할 때 나타나는 색깔의 변화는 다음과 같다.

	푸른색 리트머스 종이	붉은색 리트머스 종이	녹색 BTB	페놀프탈레인 용액	메틸 오렌지	붉은 장미
산성	붉은색	변화 없음	노란색	변화 없음	붉은색	붉은색
중성	변화 없음	변화 없음	녹색	변화 없음	주황색	분홍색
염기성	변화 없음	푸른색	푸른색	붉은색	노랑색	자주색

- pH 농도
  - 흔히 '페하'라고 부른다. 수소 이온 농도의 역수와 대수를 말한다. pH치 7을 중성값으로 보며 6부터 그 값이 작아지면 산성이라 하고 8 이상이면 염기성이라고 한다. 생활 주변에서 일반 세안 비누의 경우 pH치 7.6 ~7.8의 값을 보이며 탄산음료, 커피의 경우 6.3의 값을 갖는다. 일반 빨래 비누의 경우 pH 9.2~10.4의 값을 측정할 수 있다.

5) 디지털 현미경

학습 목표	• 디지털 현미경의 활용법을 알 수 있다. • 다양한 사물을 디지털 현미경으로 관찰할 수 있다.
준비물	개인용 컴퓨터, 디지털 현미경, 깻잎, 배추잎

활동 전개 과정

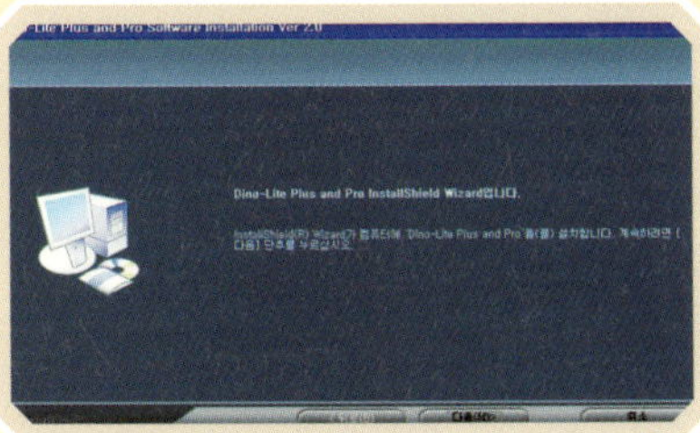

디지털 현미경 드라이버를 개인용 컴퓨터에 인스톨한다.

디지털 현미경의 USB 포트를 개인용 컴퓨터와 연결한다.

디지털 현미경을 관찰 사물에 접근시킨 후 원하는 배율로 조정하고 초점을 맞춘다.

화면에 나타난 사물의 확대 장면을 관찰한다.

〈참고 자료〉

- 디지털 현미경의 편리함
  - USB 현미경이라고도 한다. 개인용 컴퓨터에 해당 프로그램, 즉 제품에 따른 드라이버를 인스톨하면 간편하게 다양한 사물, 생물의 일부를 확대하여 관찰할 수 있다. 제조사 및 제품에 따라 확대 배율의 차이가 있다.
  - 일반 캠코더와 같은 원리이나 저배율에서 고배율까지 다양한 관찰 환경을 사용자의 의사에 따라 적용, 조작, 활용할 수 있으며 화면에 보이는 관찰 장면을 사진 파일로 즉시 저장할 수 있는 장점이 있다.
  - 교실에서 사용할 경우 일반 광학 현미경을 대체적으로 많이 사용한다. 이러한 광학 현미경의 경우 접안 렌즈와 대물 렌즈 간의 초점을 맞추는 과정이 일반 학생에게 쉬운 일은 아니며, 대물 렌즈가 프레파라트를 파손시키는 경우도 종종 발생한다. 또한 현미경의 이동과 보관의 과정에서 파손 될 수 있다. 이러한 광학 현미경의 단점을 보완하여 손쉽게 교실 환경에서 다양한 확대 장면을 학생에게 제공할 수 있는 편리함이 디지털 현미경의 장점이라 할 수 있다.

6) 분노의 생수통

학습 목표	• 기압의 차이에 대해 알아보기 • 기압차에 의해 생수통 찌그러트리기
준비물	생수통, 알코올, 분무기, 점화기, 종이컵

활동 전개 과정

분무기에 알코올을 넣고 생수통 안에 4~5회 분사한다.

생수통 입구에 점화기로 불을 붙인다.

>>>

불꽃이 사라지면 종이컵으로 입구를 닫고 관찰한 후, 다시 종이컵을 제거하여 변화를 관찰한다.

〈참고 자료〉

- 기압
  - 기압은 대기의 무게를 나타내며 지구를 둘러싸고 있는 대기에 의한 압력을 말한다. 기호는 atm으로 나타낸다. 1atm=76cmHg으로 표기하는데 이러한 기압의 발견은 1643년 이탈리아의 E.토리첼리가 한 끝이 막혀 있는 약 1m의 유리관에 수은을 가득 채우고 이를 수은이 담긴 그릇 안에 거꾸로 세웠을 때, 유리관 내의 수은주가 그릇의 수은면에서 약 76cm 높이가 되는 곳까지 내려와 정지하게 된다는 것을 처음으로 실험하여 밝혀지게 되었다.
- 생수통이 찌그러든 이유
  - 생수통 안에 알코올을 뿌려 점화기로 불을 붙이면 순간적으로 생수통 안의 공기가 소화된다. 불꽃이 사라지자마자 종이컵으로 입구를 막아 주면 외부와 생수통 안의 공기는 차단된다. 즉, 생수통 외부와 내부의 기압차가 발생하게 된다. 생수통 내부에 기압이 존재하지 않는 상태에서 외부의 공기압을 이기지 못한 생수통이 찌그러들게 된다. 이러한 이유로 성인 남성이 힘을 주어도 쉽게 찌그러지지 않는 생수통을 손가락하나 대지 않고 찌그러뜨릴 수 있다.
  - 또한 종이컵을 제거해 주면 외부의 공기가 생수통 내부로 유입됨으로써 원래의 기압을 되찾고 찌그러졌던 생수통이 원래의 모양으로 돌아오게 된다.
- 이런 점은 주의
  - 화기를 다루는 실험이므로 화재 예방에 주의한다.
  - 생수통 입구에 얼굴을 가까이 대지 않도록 주의한다.
  - 알코올이 들어 있는 분무기를 생수통과 가까이 놓지 않도록 한다.

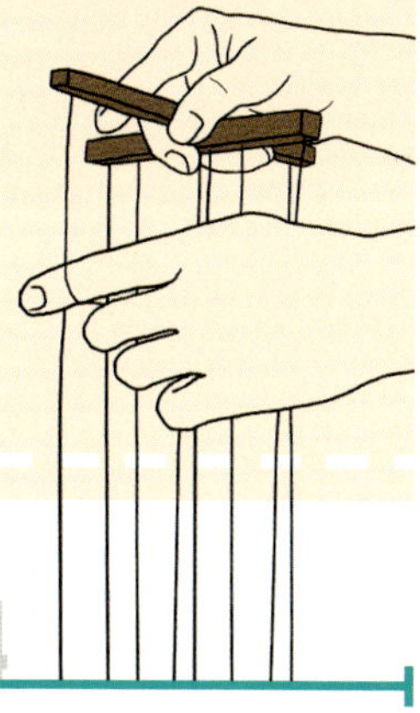

10 · 11 · 12 · 13 · 14

연기 연습하기

연기 연습은 크게 대본 연습과 인형 연기 연습으로 나누어 볼 수 있다. 일반적으로 대본에 대한 파악이 확실히 이루어지고 난 후, 인형 연기 연습을 하는 순서로 진행된다. 연기 연습인 만큼 기본적으로 연기자가 활동의 중심이 되지만, 연출자와 스태프 간의 긴밀한 협조 또한 잘 이루어져야 하는 단계다.

1. 대본 연습

인형극에서 연기자가 대본 내용을 녹음하여 공연에서는 인형 동작만을 연기하는 방식이 있으며, 인형 동작과 대본 내용을 직접 구두로 연기하는 방식이 있다. 이 두 가지의 경우 모두 관객에게 작품의 내용을 전달하는 것이 핵심이다. 대본 연기 연습은 일반적으로 다음과 같은 과정으로 이루어진다.

1) 발 성

기본적으로 발성은 복식호흡을 통하여 두성을 활용하는 것이 효과적이다. 입을 크게 벌리고 정확한 발음으로 주어진 내용을 전달하기 위해 노력해야 한다. 하지만 연기자에 따라 발성의 습관이 모두 다를 수 있으므로 정식 발성법과 개인적 특징을 고려한 발성 연습이 꾸준히 이루어져야 한다. 대본 및 연기 연습, 리허설, 공연 전에 이러한 발성 및 얼굴 근육 스트레칭은 지속적으로 이루어져야 한다.

복식호흡을 통한 발성 연습 방법은 다음과 같다.

- 긴 호흡 발성법
  - 허리를 곧게 펴고, 가상의 한 점을 정하고 응시한다.
  - 숨을 크게 들이마셨다가 아랫배에 힘을 유지한 상태에서 내뱉으며 "아~"라고 소리를 낸다. 이 과정에서 처음부터 크게 소리를 내려 하지 말고 처음에는 작게 실시하며 반복될수록 소리의 크기를 크게 한다.
  - 3~5회 반복한다.
- 짧은 호흡 발성법(끊어서 소리 내기)
  - 허리를 곧게 펴고, 가상의 한 점을 정하고 응시한다.
  - 숨을 크게 들이 마신 상태에서 아랫배에 힘을 유지한 상태에서 한 글자씩 힘 있게 끊어서 소리를 낸다. '아, 에, 이, 오, 우' 또는 '가, 나, 다, 라, 마, 바……' 등 대본을 활용하여 소리를 내도록 한다.
  - 3~5회 반복한다.

2) 캐릭터 설정

대본에는 등장인물이 복수로 등장하는 것이 일반적이며, 극적인 효과를 높이기 위하여 연출 및 작가는 대본 속 등장인물에게 성향을 부여한다. 이렇게 부여된 캐릭터를 연기자는 대본 숙지를 통하여 파악한 후 목소리의 톤, 대사 전달에 다음과 같은 방법으로 특정한 성향을 부여할 수 있다.

- 킁킁거리기
- 말 더듬기
- 사투리 사용하기
- 어눌한 발음 / 강한 어조
- 특정 단어 반복하기
- 특정 행동 반복하기
- 갑작스러운 어조, 행동 변화하기

이와 같은 방법 외에도 가장 고려해야 할 점은 대본 전반의 스토리 라인을 효과적으로 표현하기 위한 캐릭터가 되어야지, 자신이 맡은 캐릭터만을 부각시키기 위한 설정은 극 전반에 도움이 될 수 없다.

3) 대본 리허설

대본 리허설이란 연기자 간에 자신의 캐릭터를 살려 대사를 주고받는 연습 과정을 의미한다. 대본 리허설은 연기자 개인이 대본 전반을 파악하고 자신의 대사 부분을 숙지하였다는 것을 기본 전제로 한다. 이 과정에서 고려해야 할 점은 다음과 같다.

- 대본의 암기 여부는 크게 중요하지 않다.
- 연기자 간의 호흡을 맞추는 것이 중요하다.
- 연기자 간에 약속을 정하여 원활한 대사 연기에 중점을 두어야 한다.
- 캐릭터의 중복 및 조화를 고려해야 한다.
- 극의 특성을 고려하여 연출자, 연기자 간에 관객과의 소통 방법을 연구해야 한다.
- 음향 담당자는 적절한 음향, 배경음악을 확인해야 한다.
- 조명 담당자는 효과적 연출 방법을 확인해야 한다.
- 소품, 과학 실험 담당자는 소품 배치 및 과학 실험 기자재를 확인해야 한다.
- 연출 및 스토리 작가는 수정, 보완 된 내용을 확인하고 대본을 그에 맞게 수정해야 한다.

4) 대본 암기

대본 암기는 연기자가 무대에서 직접 대사 연기를 해야 하는 공연의 형태에서 이루어진다. 대본의 암기 방법은 다음과 같은 점을 고려한다.

- 기계적 암기는 지양한다.
- 대본 전반의 스토리 라인을 파악한 상태에서 암기한다.
- 극 중 사건의 전개 순서를 기억하며 그에 맞게 암기한다.
- 연기자, 연출자와의 약속을 고려하여 암기한다.

이러한 대본 암기 방법은 다양한 돌발 상황을 적절하게 대처할 수 있는 방법이 될 수 있다.

2. 인형 연기 연습

인형은 무대에서 연기자의 신체를 의미한다. 하지만 인체와 달리 표정 전달이 불가능하고, 관절 또한 인체와 달라 자연스러운 몸짓이 어렵다. 특히 막대 인형의 경우 연기자가 손으로 잡고 연기해야 할 부분이 몸통 막대 1개, 양손 막대 2개가 된다. 즉, 연기자의 손은 2개이나 연기해야 할 막대는 3개다. 연기자는 보다 세밀한 인형 연기에 어려움을 겪을 수 있다. 이러한 어려움을 해결하며 자연스러운 인형 연기가 이루어질 수 있도록 연기자는 다음과 같은 측면을 고려하여 충분한 연습을 실시해야 한다.

인형을 조작하는 연습을 하기 전에,

- 몸의 긴장을 푼다.
- 인형에 대한 자신감을 갖고, 연기하는 인형을 자신과 동일시한다.
- 가장 자연스러운 몸짓이 나오도록 한다. 눈을 감고 자신이 움직일 때 어떻게 동작하는가를 상상해 보고, 그에 맞게 연기한다.
- 같은 동작이 완전히 숙달될 때까지 반복한다.

1) 몸통 조작

인형이 걸어가는 동작의 경우 가장 일반적인 몸통 동작은 다음과 같다.

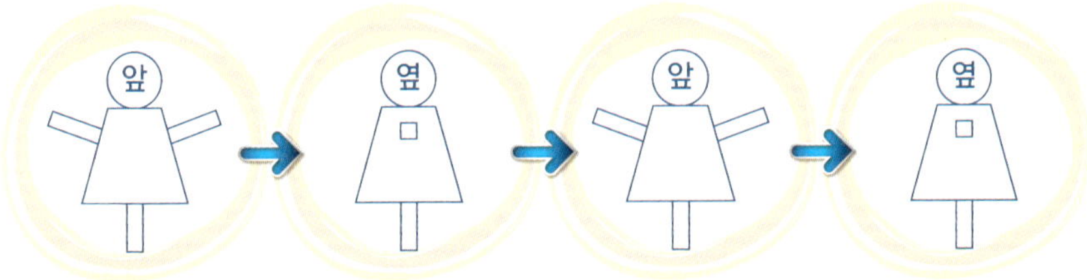

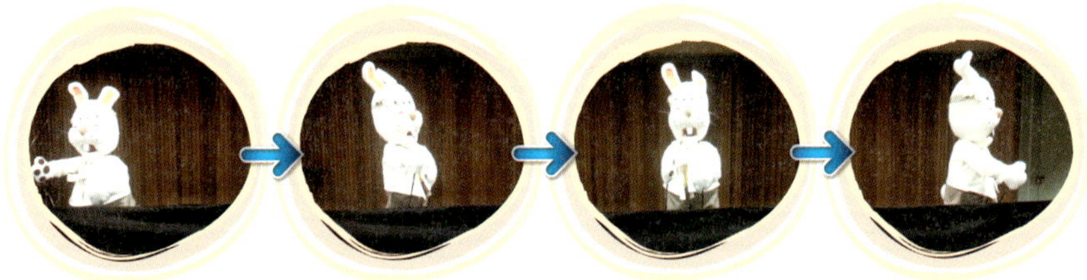

앞에서 보는 바와 같이, 진행 방향에 대해 몸통의 앞면과 옆면을 교차로 관객을 향해 보이며 걷도록 한다. 이러한 동작은 보는 관객으로 하여금 인형이 2차원 평면에 갇혀 있지 않는 것으로 보이게 하는 좋은 방법이 될 수 있다. 감정의 표현은 주로 연기자의 목소리와 손동작에 의지하는 편이나 감정의 상태에 따라 몸통을 좌우로 크게 떨기, 숙였다 들기 등으로 최대한 큰 동작으로 표현하는 것도 하나의 방법이다. 큰 공연장의 경우, 공연장의 크기와 관객과의 거리를 고려하여 보더라도 인형의 몸통 조작이 다소 과장되게 움직여야만 연기의 효과를 높일 수 있다. 그렇지 않은 경우 연기자는 움직임을 부여했으나, 관객은 이를 알아차리지 못하는 경우가 많아 효과가 떨어질 수 있다.

또한 인형극에서 연기자가 낮은 무대 뒤에서 몸을 숙이고 연기하게 되는 경우가 일반적이다. 따라서 동선을 움직이는 데 불편함을 수반하게 되고, 경우에 따라서는 연기자는 다른 연기자와 서로 먼 거리를 두고 연기를 하고 있거나 한 쪽에 치우쳐 연기하게 된다. 따라서 실제 공연에서 인형의 동선을 자세하게 설정하고 연기자는 이를 기억하여 관객에게 인형이 살아 움직이는 것과 같은 모습을 보여 줄 수 있도록 노력하는 것이 중요하다.

2) 손 연기

손은 인체를 이용한 연기에서도 표정 연기와 더불어 감정 상태를 표현하는 가장 중요한 표현 수단이다. 대부분의 연기자가 인형을 처음으로 잡고 연기하는 경우 연기자 본인은 손의 움직임을 다채롭게 표현하고자 하지만, 객석에서 보았을 때 손은 그저 아래에 위치하여 좌우로 움직이는 것으로만 보일 수도 있다. 따라서 단순히 흔들고, 들었다 내리는 동작 외에도 다른 인형을 쓰다듬고, 자신의 몸과 얼굴을 만지고, 가렸다 내리는 동작과 경우에 따라 양 손을 들고 흔드는 동작 등 최대한 다양하고 효과적으로 감정을 표현하기 위해 노력해야 한다.

토끼의 캐릭터를 부각시키는 손 동작

거북과 용왕의 의기투합 동작

거북과 토끼의 작별 인사 동작

막대 인형의 경우 몸통의 막대를 한 손으로 잡고, 다른 한 손으로 인형의 팔과 연결된 막대를 잡게 되면 나머지 한 손의 막대를 잡기가 곤란해진다. 이러한 경우, 가장 지향할 방법은 1개 인형에 2인 연기자가 함께 연기하는 것이다. 1명은 몸통과 손 1개를 잡고, 나머지 1명은 남은 손 막대 1개를 잡고 함께 연기하는 것이다. 그러나 그렇게 하기에는 상황이 어려울 경우, 몸통 막대와 팔 막대 1개를 동시에 잡고 나머지 한 손으로 팔 막대 1개를 잡아 연기하는 것이 손동작과 몸통 동작을 동시에 표현하는 데 가장 효과적이라 할 수 있다.

3) 인형 연기 리허설

인형 연기 리허설은 대본 암기가 이루어지고 난 후, 연기자 간에 인형을 들고 직접 연기를 하는 연습 과정을 의미한다.

인형 연기 리허설에 주안점은 가장 실감나는 인형의 동작이다. 연기자는 다른 연기자와의 호흡을 맞추어 다양하고 효과적인 인형 동작 연기를 서로 모니터링하도록 한다.

연출자는 객석의 위치에서 연기자의 연기와 스토리 전반의 대본 내용을 검토하여 효과적으로 연기하고 있는가를 세세하게 파악하여 연기자와 최대한 소통하면서 연습을 주도해 나가도록 한다.

연습의 범위 또한 한 가지 사건을 세세하게 점검하고 한 개의 막을 반복 연습하여 숙달되도록 한다. 그리고 점차 연습 범위를 확대하여 처음부터 끝까지 전체적인 연습이 이루어질 수 있도록 한다.

연기자와 연출자는 대본의 스토리 라인을 고려하여 아이디어를 공유하며, 극을 최대한 효과적인 방향으로 발전시키는 것이 중요하다.

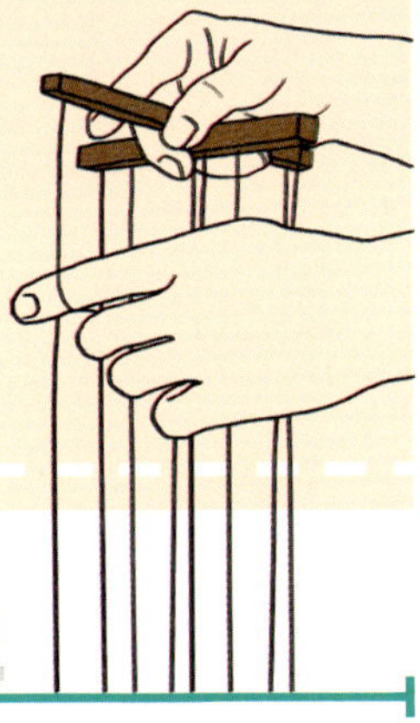

리허설

리허설은 해당 공연장에 무대 장치, 음향, 조명 등을 완벽히 설치하고 현지 공연장에 대한 적응 및 최종 점검을 하는 단계라 할 수 있다. 리허설 단계에서 이루어지는 제반 활동은 공연 하루 전 완료하는 것이 가장 이상적이나 공연 상황에 따라서는 최소한 3시간 이전에 공연장에 도착하여 리허설 활동이 이루어질 수 있도록 해야 한다. 다음 내용은 공연 시작 3시간 전 대공연장(300~500석)에 도착한 상황을 가상하여 기술하였다.

1. 3시간 전

공연장에 도착하여 팀 리더는 공연장 관리자, 조명 및 음향 담당자와 인사를 나누고 추진 계획을 의논하도록 한다.

또한 관객의 입장 및 퇴장 시간, 이동 동선과 비상구 등을 하우스 매니저와 상의하여 꼼꼼히 파악하도록 한다. 공연장 인근에 설치해야 할 벽보 및 현수막의 위치도 확인해야 한다.

공연장 내부에 설치해야 할 현수막을 공연장 관리자와 협의하여 설치할 수 있도록 한다.

무대 설치 / 음향 설치 / 조명 기기 파악

이외에 파트별 담당자의 준비 사항은 다음과 같다.

- 무대 담당자
  - 무대의 위치 및 악기, 소품 위치를 확인하고 무대 설치를 시작
- 음향 담당자
  - 공연장 음향 담당자와 협의하여 무선 마이크 리시버 위치 결정, 동영상 및 음향 컴퓨터 설치와 위치 등 기술적 문제를 해결
- 조명 담당자
  - 공연장마다 조명 기기의 컨트롤 방법에 차이가 있으므로 조작법을 익혀야 한다. 또한 공연장에 따라 조명 기기를 직접 다룰 수 없는 경우가 있으므로, 이와 관련된 부분을 협의하고 직접 조작이 불가능할 경우 준비해 간 대본을 바탕으로 공연장 조명 담당자 및 조명 효과와 관련하여 충분한 협의가 이루어져야 한다.

2. 2시간 전

2시간 전의 상황은 무대 셋팅 및 악기 셋팅이 완료 된 상황이 가장 바람직하다. 경우에 따라 기기 간의 호환에 문제가 발생하면 이를 해결하는 가장 중요한 시기가 될 수 있다.

- 팀 리더
  - 무대, 조명, 음향에 관한 전반적인 부분에 관여하여 점검 및 수정, 보완
- 무대 담당자
  - 무대막의 상태 및 특수 효과 장비의 전원, 작동 여부를 확인
- 음향 담당자
  - 연기자 각각의 목소리에 따라 마이크의 볼륨을 조절, 동영상 및 효과음 재생 컴퓨터의 연결 상태를 최종 점검
- 조명 담당자
  - 공연장 조명 담당자와 협의하여 무대 위의 조명 위치를 조정
  - 조명에 의해 인형에 그늘이 지거나, 정해진 동선이 조명 밖에 있지 않도록 확인
- 효과음 재생 담당자
  - 효과음 각각의 볼륨 상태 점검
  - 사전에 음원 파일 간의 볼륨 차이를 없애는 작업을 미리 해 두는 것이 가장 바람직하나, 현장 여건에 따라 음원 파일 간의 볼륨 차이를 확인

음향 및 조명 점검 / 악기 조율 및 점검 / 무대 점검

인형극에서 악기를 사용할 경우, 조율 및 악기 간의 볼륨 조절 등에 관한 작업이 이루어진다.

3. 1시간 30분 전

최종 리허설이 시작 되는 시기다.

- 연기자
  - 인형과 최초 시작 위치에서 스탠바이
- 소품 담당자
  - 빠진 소품은 없는지, 소품이 연기자의 동선을 방해하지 않는지 사전 확인

이러한 사전 준비 사항이 확인되면 각 담당자는 연출자에게 준비완료 여부를 보고하고, 연출자는 큐 사인을 주어 최종 리허설을 실시한다.

본 공연 시작 전 첫 인사 단계부터 공연 마무리 인사 단계까지 모든 과

정을 빠짐없이 점검한다. 기술적인 문제로 중지되는 경우를 제외하고는 되도록 흐름을 끊지 않고 진행하도록 하며 연출자는 연기자에게 혼란을 주지 않는 범위 내에서 개선 사항을 메모하고 리허설 후 협의하도록 한다.

4. 30분 전

리허설을 마치고 기술 스태프와 연기자가 최종 협의를 하고 휴식을 취하도록 한다. 무대 주변과 객석에 불필요한 소품, 준비물이 나와 있지 않은지 최종 점검도 필요하다. 대개 이 시기에 관객의 입장이 이루어지게 되므로 연기자는 마이크를 통해 불필요한 소리가 나가지 않도록 주의하며, 공연 녹화를 맡은 사람은 캠코더나 녹화 장치의 전원 및 녹화 버튼을 확인한다.

관객의 체계적 좌석 배치를 위해 티켓을 발행한 경우 관객 안내 스태프를 별도로 두어 진행하는 것이 효과적이다. 또한 이 단계에서는 공연장 하우스 매니저의 주지 사항을 확실히 파악하도록 한다.

5. 10분 전

연출자, 연기자 및 모든 스태프, 담당자는 정위치하며 연출자에게 준비 완료 여부를 보고하고 연출자의 큐 사인을 기다리도록 한다.

〈표 12-1〉 역할별 리허설 진행표

	리더	무대 담당	음향 담당	조명 담당	소품 담당	연기자
3시간 전	• 무대 관계자 인사, 협의 • 현수막, 객석, 비상구 확인	• 무대 위치 결정, 설치	• 음향 기기 설치 위치 결정, 설치	• 조명 기기 조작 가능 여부 파악 및 공연장 관계자 협의	• 무대 담당자와 동일 • 소품 위치 결정	
2시간 전	• 전반적인 진행 상황 확인	• 무대막 상태 확인 • 특수 효과 기기 점검	• 연기자 마이크 볼륨 점검 • 동영상, 효과음 재생 컴퓨터 최종 점검	• 인형 위치, 동선에 따른 조명 위치, 밝기 점검	• 소품 정리 및 점검	
1시간 30분 전	• 최종 리허설 진행	• 최종 리허설	• 최종 리허설	• 최종 리허설	• 최종 리허설 • 소품 확인 및 연기자 동선 확인	• 1시간 30분 전 스탠바이 • 최종 리허설
30분 전	• 리허설 결과 협의 • 관객 입장 안내	• 리허설 결과 협의 • 무대 주변 정리	• 리허설 결과 협의 • 마이크 음소거 상태 유지	• 리허설 결과 협의 • 실내등 전체 켜기	• 리허설 결과 협의 • 동영상 녹화 준비 점검	• 리허설 결과 협의 • 휴식
10분 전	• 전체 파트 점검	• 최종 점검 및 스탠바이	• 최종 점검 및 스탠바이	• 최종 점검 및 스탠바이	• 최종 점검 및 스탠바이	• 스탠바이

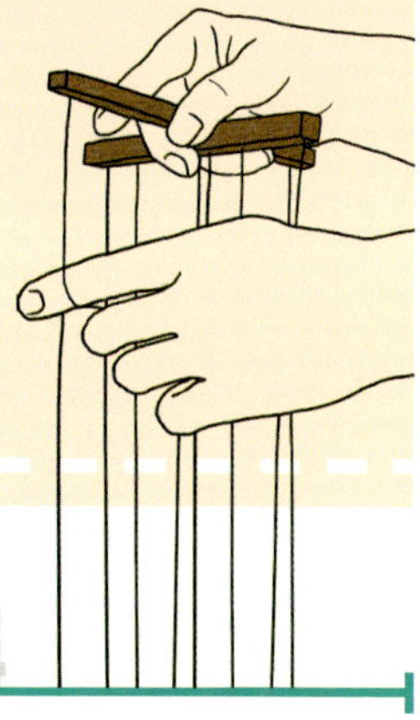

공연하기

-과학인형극 '별주부전'을 중심으로-

1. 공연의 개요

이 장에서는 실제로 공연했던 '별주부전'을 중심으로 공연 전반적인 줄거리와 그 속에 녹아 있는 과학적인 요소, 그리고 스태프의 역할, 준비물에 대해서 알아보고자 한다.

'별주부전'은 전래동화의 내용대로 병을 얻은 용왕을 치료하기 위해 자라는 육지로 토끼의 간을 찾아 떠난다. 자라는 토끼를 용궁에 데려가기 위해 토끼를 용왕의 아들이라고 속이고 용궁으로 데리고 온다. 하지만 토끼는 약간의 꾀를 내어 간을 육지에 두고 왔다고 하여 무사히 용궁을 탈출하게 된다.

병을 얻은 용왕의 모습

육지로 떠나기 전의 모습

토끼를 속이는 모습

토끼가 용왕을 설득하는 모습

이러한 줄거리를 바탕으로 과학적 내용과 결합하여 과학인형극을 완성하였다. 빛 그림, 마법의 종이, 계영배, 레이저 반사, 기체 발생 실험, 소금물 농도 실험을 공연 중간에 활용하였다.

빛 그림

마법의 종이

계영배

레이저 실험

기체 발생 실험

소금물 농도 실험

2. 공연의 실제

실제 광주문화예술회관에서 공연했던 별주부전을 바탕으로 줄거리, 과학적 요소, 스테프의 역할, 준비물 4가지 측면에서 살펴보고자 한다.

1) 1막

(1) 공연의 줄거리

기침과 고열로 병을 얻은 용왕을 의사가 진단을 하게 되고, 그 병을 치료할 수 있는 것은 육지에 사는 토끼의 간이라고 한다. 그래서 육지와 바다를 동시에 갈 수 있는 자라가 토끼의 간을 구하기 위해 육지로 떠난다.

장면	대사	자료
#1 용궁	*(04. 바이올린 협주곡)* (조명 꺼진 상태에서 PPT와 목소리만)아주 옛날 바다 속 용궁에서 용왕님의 생신을 맞아 큰 잔치가 벌어졌답니다. 하지만 용왕님은 많은 기침과 고열로 아무것도 못 드셨습니다. 용하다는 의원들이 치료하려 했지만 용왕님의 병세는 날로 깊어만 가는데…….	음악4
	용왕: *(05. 대취타)* (조명과 함께 용왕이 등장하며) 에취, (죽어가는 목소리로) 아이고. 머리야, 아이고 어깨야, 아이고 무릎이야, 아이고……. *(06. 머리어깨무릎)* 험험, 내가 아픈지 벌써 10일이 넘었는데……. 나를 치료할 의원이 어, 어, 어, 없단 말이야? 아이고!!(여기저기 기침 소리 난무)	음악5 음악6
	대갈공명: *(07. 대장금 음악)* (음악과 함께 대갈공명 웃으며 등장) 용왕님. 제가 고쳐드리지요.	음악7
	용왕: 넌 누구냐?	
	대갈공명: 저는 용왕님의 병을 낫게 할 머리가 커서 슬픈 의원 대갈공명이라 하옵니다. 용왕님의 병세가 위중하오니 진맥을 해 보겠사옵니다. *(08. 심장박동 소리)* (진맥을 마친 후 깜짝 놀라며) 아니! 이럴 수가……. *(09. 하얀거탑 ost)*	음악8 음악9
	용왕: 아니! 왜 그러느냐?	
	⋮	
	용왕: 토끼의 간? 그것으로 무엇을 한단 말이냐?	
	대갈공명: 그것으로 탕을 만들어 드시면 꼭 치료가 되실 것입니다. 그럼 저는 이만.(퇴장)	
	용왕: 음 들어가려고? *(17. 빠이빠이야)* 그럼, 우리 바다 생물 중에서 누가 육지에 갈 수 있단 말이냐?	음악17
	자라: 용왕님~ *(18.미션임파서블)* 소신이 육지에 다녀오겠습니다.	음악18
	용왕: (놀란 목소리로) 자라 네가? 그래, 고맙다. 잘 다녀오너라.	
	자라: 네! 반드시 토끼의 간을 구해 오겠습니다.	

(2) 과학적 요소

1막에서 등장하는 과학적 요소는 빛 그림과 마법의 종이다.

- 빛 그림
  - 손전등을 이용하여 하나의 형태를 표현하고 카메라의 셔터 스피드를 느리게 하여 찍는 사진이다. 별주부전에서는 토끼의 모습을 표현하기 위해서 한 명은 귀를, 다른 한 명은 전체적인 얼굴 모습을, 마지막으로 다른 한 명은 눈을 표현한다.

토끼의 모습을 표현하는 모습

빛 그림으로 표현하는 모습

- 마법의 종이
  - 마법의 종이는 빈 종이에 수산화나트륨을 미리 붓에 묻혀서 글씨를 쓴 후 비눗물을 그 종이 뿌리게 되면 글씨가 나타나는 실험이다. 즉, 산과 염기 반응을 이용하는 실험이다.

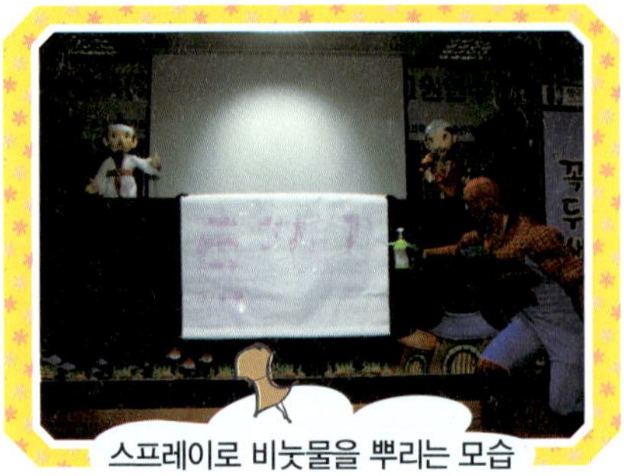

스프레이로 비눗물을 뿌리는 모습

'토끼의 간' 글씨가 나오는 모습

(3) 스태프의 역할

음향을 담당하는 음향 스태프, 무대의 조명을 담당하는 조명 스태프, 그리고 과학을 담당하는 과학 스태프가 필요하다. 음향 스태프는 순서대로 음악을 준비하여 적시에 재생할 수 있도록 준비하고, 조명 스태프는 과학적 요소를 관객이 잘 볼 수 있도록 핀 조명이나 스포트라이트 조명을 준비한다. 특히 과학 스태프는 과학을 시현할 때, 극의 흐름을 방해하지 않고 매끄러운 진행을 하기 위해서 스태프의 동선과 준비물을 정해진 장소에 미리 준비해 놓는다.

(4) 준비물

- 빛 그림 준비물: 손전등 6개, 카메라
- 마법의 종이 준비물: 전지 2장, 붓, 분무기, 비눗물, 수산화나트륨

2) 2막

(1) 공연의 줄거리

토끼의 간을 찾아 육지로 떠난 자라가 토끼를 만나게 되고, 용왕의 아들이라고 속인 후 토끼와 함께 용궁으로 떠나게 된다.

장면	대사	자료
#2 바닷가	토끼: *(22. 토끼 등장 음악)* (토끼 등장 음악과 함께 한 쪽 끝에서 나타나며) 빠름~빠름~ 나~ 같은 토끼~ 캬하하~ 룰루랄라~ 어이~ 자라 양반. (무대 가운데로) 육지엔 무슨 일이요?	음악22
	자라: 흠흠, 어릴 때 헤어진 용왕님의 아드님을 찾으러 왔소. 토끼: 용왕님의 아들? 어떻게 생겼는지 말해 봐. 내가 찾아 줄게. 자라: 오~ 정말이요? 그럼 여길 한번 보시오. 토끼: 하~ 거참 엄마 말 참~ 안 듣게 생겼네. 가만있자~ 어디서 많이 본 얼굴인데…… 응?	
	(23. 빵파레)(한 쪽 끝에서 혼잣말로) 저건 나잖아. 앗싸! (점잖은 척 무대 중앙으로 천천히 이동)	음악23
	자라: 거~ 엄마 말 안 듣게 생긴 양반~ 아시겠소? 용왕님이 많이 편찮으셔서 왕자님을 빨리 모셔 가야 하오.	
	토끼: *(24. 지고이네르바이젠)* (슬프게 울먹이며) 아버님. 불효 자식을 용서하세요. 진작 찾아뵈어야 했는데, 흑흑흑.	음악24

(2) 과학적인 요소

- 계영배 실험
  - 선조가 사용하던 '계영배'라는 술잔의 원리를 이용한 실험이다. 사이펀의 원리를 이용하여 어느 정도 높이가 되면 물 분자 간의 인력에 의해 한꺼번에 빠지는 원리다.

계영배에 물을 붓는 모습

사이펀 원리로 물이 빠지는 모습

(3) 스태프의 역할

음향 스태프와 조명 스태프의 역할은 공연 전반에 걸쳐 동일하게 이루어진다. 과학 스태프는 계영배에서 물이 넘치지 않도록 주의하며, 계영배 실험이 끝나면 바로 3막으로 극이 전개되기 때문에 동선을 미리 파악하고 있어야 한다.

(4) 준비물

- 계영배 실험 준비물: 계영배 받침대, 계영배, 파란 색소, 물 받침대

3) 3막

(1) 공연의 줄거리

자라와 함께 용궁으로 온 토끼가 레이저 문을 통과하고 용궁으로 들어가려는 찰나에 자라가 던진 그물에 잡힌다.

장면	대사	자료
#3 용궁 입구	토끼: 하~ 멋지구만~ 히야~ 야, 자라야! 여기가 용궁이더냐? *(30. 터미네이터 효과음)(26-2. 레이저 소리)* (음악과 함께 레이저 등장) 자라: 네. 하지만 용궁으로 들어가려면 저기 있는 레이저 문을 통과해야 합니다. 토끼: 그건 숨쉬기 운동보다 쉽다구. 카하하~ 빛이 거울에 반사되는 성질을 이용하면 되지. 잘 보거라. 이얍! *(31. 미션임파서블)* (스파이더맨이 거울로 레이저를 반사시킨다.)이젠 됐지? 빨리 가자. · · · 토끼: 뭐라고? 그럼 내가 너한테 속은 것이란 말이냐? 자라: 그래~ 이놈의 토끼야! 조용히 하거라. (그물에 든 토끼를 던진다.) 토끼: 어어어~ 토끼 살려~~	음악30 음악31

(2) 과학적인 요소

- 레이저 반사
  - 용궁으로 들어가는 관문으로 레이저 문이 등장한다. 하지만 토끼는 레이저의 직진하는 성질을 이용하여 거울로 레이저를 반사시킨다.

레이저가 등장하는 모습

거울로 반사시키는 모습

(3) 스태프의 역할

과학 스태프는 레이저가 등장할 때 레이저가 잘 보일 수 있도록 스모그 기계를 이용하여 연기를 잘 뿌려 준다. 또한 2막에서의 계영배 실험과 시간차이가 얼마 나지 않기 때문에 사전에 준비하여 제때 등장하도록 한다. 또한 레이저를 비추거나 거울로 반사시킬 때 안전에 유의하도록 한다.

(4) 준비물

- 레이저 실험 준비물: 레이저 받침, 레이저 문, 레이저, 스모그, 거울

4) 4막

(1) 공연의 줄거리

자라는 토끼를 용왕에게 잡아간다. 토끼의 간을 꺼내어 용왕의 병을 치료하려고 하나 토끼는 꾀를 내어 육지에 간을 두고 왔다고 한다. 이에 용왕은 토끼를 믿고 자라와 함께 간을 가져오라고 한다.

장면	대사	자료
#4 용궁	자라: 조용히 좀 하래도~ (용왕을 보며) 용왕님~ 제가 토끼를 잡아 왔습니다. 용왕: 음, 그렇다면 자라 대신. 이 토끼가 최상급인지는 확인했느냐? 자라: (당황하며)음……. 그것까지는 아직……. (거북 대신 퇴장) 대갈공명: *(35. 대장금 음악)* 하하하, 우하하. 그건 제가 알려드리지요. · · ·	음악35
	토끼: (놀라면서) 아니 무슨 일로 저의 배를 가르려고 하십니까. 용왕: (힘없이) 그것은 말이지……. (완전 오두방정을 떨면서) *(41. 간 때문이야)* 토끼: 간이라고요? (슬픈 척하면서) 용왕님. 거북이가 미리 얘기했더라면 간을 잘 챙겨 왔을텐데……. 으흑흑~ 용왕: 도대체 무슨 말이냐? 토끼야. 토끼: 제 간이 몸에 좋다는 소문을 듣고 노리는 자가 엄청납니다. 그래서 아예 동굴에 넣어 놓았습니다.용왕님께서 원하신다면 간을 찾으러 육지에 다녀오겠습니다. 용왕: 그렇게 하시오. 자라 대신, 얼른 토끼랑 육지에 다녀오도록 하시오.	음악41

(2) 과학적 요소

- 기체 발생 실험
  - 토끼가 최상급인지 아닌지 알아보기 위해 검증하는 장면에서 기체 발생 실험이 등장한다. 몸이 아픈 용왕의 소변(식초)과 최상급으로 생각되는 토끼의 소변(식초)을 넣어서 그 차이를 비교한다. 기체 발생 통에 식초를 넣어서 이산화탄소를 발생시킨다. 이산화탄소가 발생하는 것을 확인하기 위해서 세제와 물감을 미리 섞어

식초를 붓는 모습

이산화탄소가 발생하는 모습

놓는다.

(3) 스태프의 역할

음악 스태프는 공연 중반에 광고 음악과 '간 때문이야'라는 음악에 맞춰서 인형들이 춤을 추는 장면이 있기 때문에 연기자들과 호흡을 잘 맞출 수 있도록 준비한다. 조명 스태프는 과학 실험과 토끼의 독백 부분이 잘 부각될 수 있도록 스포트라이트 조명을 상황에 맞게 사용한다. 과학 스태프는 기체 발생 실험이 제대로 이루어질 수 있도록 식초와 기체 발생 통을 정해진 위치에 준비하고, 실험이 끝난 후에는 기체 발생 통이 넘어지지 않도록 조심히 정리한다.

(4) 준비물

- 기체 발생 실험 준비물: 식초, 탄산수소나트륨, 물감, 세제, 긴 통 2개

5) 5막

(1) 공연의 줄거리

토끼의 간을 구하기 위해 육지에 온 자라는 토끼에게 속아서 좌절하게

된다. 하지만 토끼가 온정을 베풀어 용왕님의 병을 치료해 줄 있는 배를 선물로 주면서 공연은 끝이 난다.

장면	대사	자료
#5 육지	자라: (어둠 속에서) 아이고, 참! 도대체 간이 어디에 있다는 거야? 토끼: 저기 저쪽에 가면 동굴 속에 있을거야. (자라가 무대 끝 쪽으로 걸어가면서 토끼 쪽만 조명이 켜지고) 흥! 어리석은 녀석! (비웃으며)히히, 자라야~ 난~ 간다. 자라: 헉. 뭐야, 이게……. 내가 속은거야……. *(44. 울게 하소서)* (슬픈 목소리로) 내가 속았다고~ 용왕님께~ 난 죽었다고~ 꺼이 꺼이 꺼이 꺼이~ 토끼: (뒤돌아보며) 어린이 여러분~ 자라를 좀 도와줄까요?(도와주라고 하면) 좋아, 자라야, 용왕님이 기침이 심한 것 같던데 그것을 낫게 하는 진귀한 과일인 배가 있는 곳을 알려 줄게. . . . 자라: 이게 연못 맞아? 아! 그렇구나~ 그런데 이렇게 깊은 곳에 있는 배를 어떻게 꺼내지? 아이고 머리야. 모르겠어. 토끼야~ 도와줘. 토끼: 에이, 그것도 몰라? 어쩔 수 없군. 잠깐 기다려 봐. (용액을 찾는다.) 어디 있지? 음, 여기 있군. 스파이더맨! 이 용액을 연못에 넣어봐~ *(46. Hush)* (통에 소금물을 넣는다.)(배가 떠오른 후) 자라: 우와 신기하다! 어떻게 한 거야? 토끼: 아까 시작하기 전에 보여 준 바다 위에 떠 있는 사람 사진 봤었지? 사람도 뜨는데 배가 뜨는 것은 쉽겠지? 자라: 아하~그런 원리가 있었구나. *(47. Reality)* 토끼야, 덕분에 용왕님의 병을 치료할 수 있게 되었어. 정말 고마워. 쪽쪽쪽쪽~	음악44 음악46 음악47

(2) 과학적 요소

- 소금물 농도 실험
- 토끼는 자신의 간을 대신하여 기침이 심한 용왕의 병을 치료하기 위해서 자라에게 배의 위치를 알려 준다. 하지만 물에 가라앉아 있는 배를 꺼낼 방법을 모르고 있다가 토끼가 알려 준 대로 소금물을 연못에 붓자 배는 자연스럽게 물 위로 떠오른다.

소금물을 붓는 모습

배가 떠오르는 모습

(3) 스태프의 역할

과학 스태프는 배가 담긴 연못 통이 무겁기 때문에 등장하기 쉬운 곳에 준비해 놓고, 소금물을 스파이더맨이 바로 사용할 수 있도록 준비해 놓는다.

(4) 준비물

- 소금물 농도 실험 준비물: 소금물, 긴 통, 배

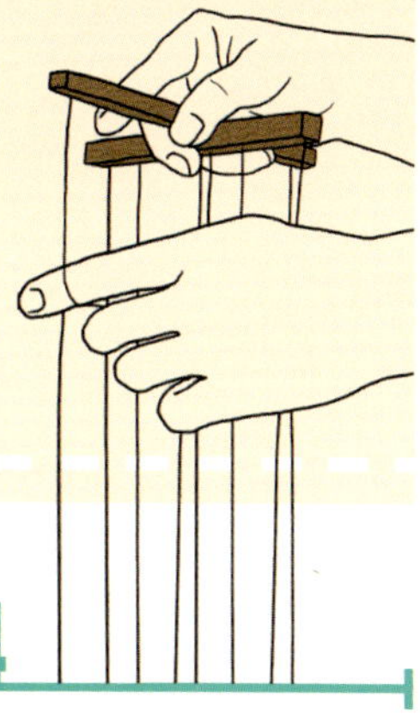

되돌아보기

1. 되돌아보기란

과학인형극을 하게 되면 공연의 시작과 끝은 분명히 있다. 공연의 끝은 그 다음 공연의 또 다른 시작점이라고 볼 수 있다. 따라서 한 번의 공연이 끝날 때마다 피드백을 하는 것이 좋다. 그래야만 공연 때 잘된 점, 반응이 좋은 점, 과학 실험이 잘된 점 등 긍정적인 부분은 다음 공연에서 다시 사용하고 그 반대의 상황이 연출된 부정적인 점은 다음에 빼거나 수정 · 보완하여 투입하도록 할 수 있기 때문이다.

우리가 거울을 통해서 자신을 돌아보듯이 공연 후 여러 가지 방법을 통해 관객이나 모니터링을 하는 분의 생각과 느낌을 받아서 우리의 공연을 되돌아볼 수 있다. 이와 같이 공연의 반성을 통한 다음 공연의 준비를 되돌아보기라 할 수 있겠다.

되돌아보기 중 설문하기에는 이메일을 이용하거나 QR 코드를 활용한 온라인 설문과 종이에 설문을 작성하는 설문지 배부와 접수를 통한 오프

라인 설문이 있는데, 이를 통해 설문 작성자의 생각을 분석할 수 있다.

또한 관람객의 느낌과 소감을 직접 현장에서 들어보는 인터뷰와 공연을 직접 한 후 공연자의 생각을 들을 수 있는 인터뷰 또는 피드백을 위한 한 줄 쓰기 등을 통해 되돌아볼 수도 있다.

마지막으로 공연을 끝낸 후 그 때의 공연자(스태프 포함)나 공연에 쓰인 과학적 요소, 공연 모습 등을 담은 내용을 정리해 놓는 것이 추후 공연을 기획하거나 수정 보완하기 위한 자료로서 가치가 있을 것으로 보인다.

2. 설문하기

1) 온라인 설문(QR 코드를 이용한 설문 조사)

〈표14–1〉 Daum과 리서치 중앙을 이용한 QR 코드 만들기 예시안

순서	내용	예시
①	리서치 중앙 (http://www.research.joongang.com/) 설문지 작성	
②	설문지 전용 웹 주소 복사	
③	Daum 모바일 코드로 가기	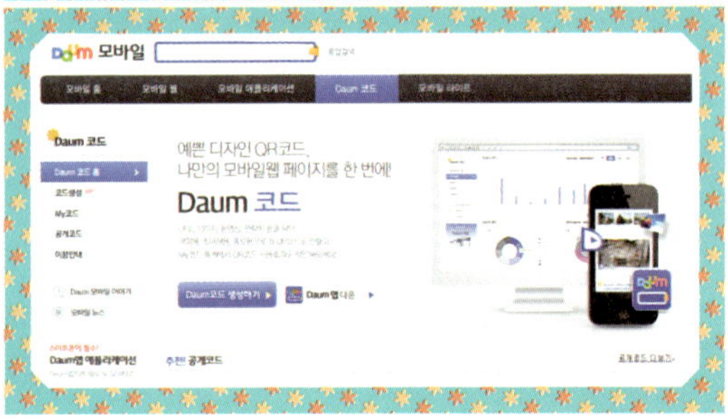
④	Daum code 생성하기	

⑤	제목, 디자인, 직접링크 클릭	
⑥	②에서 복사한 것을 붙여넣기	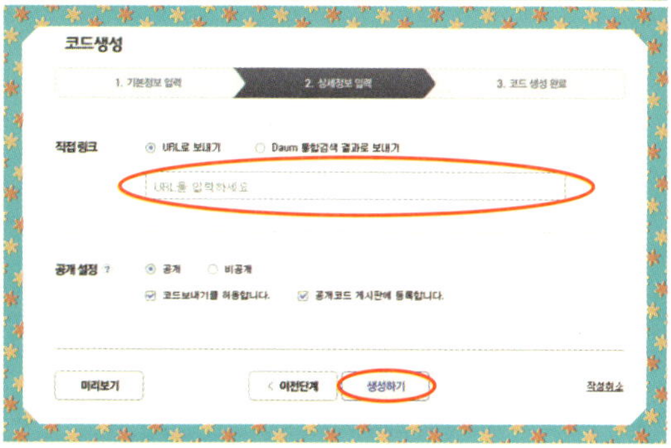
⑦	생성하기	
⑧	QR 코드를 스캔 또는 저장해서 사용하기	

2) 오프라인 설문(설문 종이 이용하기)

앞으로 보다 좋은 공연을 위해 쓰도록 하겠습니다. 설문을 부탁합니다.

1. 관객께서는 오늘 관람하신 공연의 내용에 대하여 만족하십니까?
   ① 매우 만족 ② 만족 ③ 보통 ④ 불만족 ⑤ 매우 불만족

2. 가장 좋았던 프로그램은 무엇인가요?
   ① 인형극 내용 ② 레크리에이션 ③ 노래 부르기 ④ 과학 실험 장면

2-1. 그 프로그램이 좋았던 이유는 무엇인가요? ( )

3. 공연을 보신 후 소감을 적어 주세요.(좋은 점, 아쉬운 점, 부탁할 점 등)

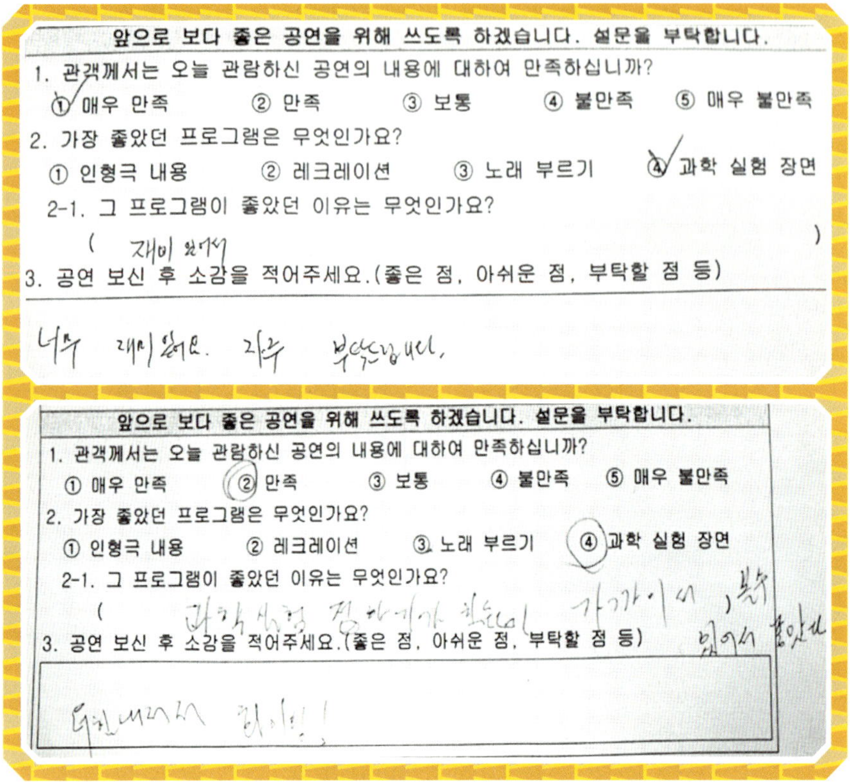
앞으로 보다 좋은 공연을 위해 쓰도록 하겠습니다. 설문을 부탁합니다.

1. 관객께서는 오늘 관람하신 공연의 내용에 대하여 만족하십니까?
① 매우 만족 ② 만족 ③ 보통 ④ 불만족 ⑤ 매우 불만족

2. 가장 좋았던 프로그램은 무엇인가요?
① 인형극 내용 ② 레크레이션 ③ 노래 부르기 ④ 과학 실험 장면

2-1. 그 프로그램이 좋았던 이유는 무엇인가요?
(재미있어서)

3. 공연 보신 후 소감을 적어주세요.(좋은 점, 아쉬운 점, 부탁할 점 등)

너무 재미있어요. 자주 부탁드립니다.

앞으로 보다 좋은 공연을 위해 쓰도록 하겠습니다. 설문을 부탁합니다.

1. 관객께서는 오늘 관람하신 공연의 내용에 대하여 만족하십니까?
① 매우 만족 ② 만족 ③ 보통 ④ 불만족 ⑤ 매우 불만족

2. 가장 좋았던 프로그램은 무엇인가요?
① 인형극 내용 ② 레크레이션 ③ 노래 부르기 ④ 과학 실험 장면

2-1. 그 프로그램이 좋았던 이유는 무엇인가요?
( )

3. 공연 보신 후 소감을 적어주세요.(좋은 점, 아쉬운 점, 부탁할 점 등)

샘플(2가지)

3. 관람객 인터뷰

- 동영상 촬영
  - 캠코더 또는 휴대폰을 이용하여 공연이 끝난 후 관객을 찾아가서 소감을 인터뷰한다.
- 전사하기
  - 녹화된 영상을 보면서 내용을 적는다.
- 분석하기

- 전사한 내용을 분석하여 피드백한다.

- 관람 소감 인터뷰(예)

학생 소감1	학생 소감2	학부모 소감	교사 소감
"재미있었어요. 가장 재미있는 장면을 뽑을 수 없을 정도로 모든 장면이 재미있었어요."	"공기 대포로 욕심쟁이 나무꾼을 혼내 주는 장면과 산신령이 착한 나무꾼에게 무지개를 선물해 주는 장면이 가장 인상 깊었어요."	"최고예요! 너무 재미있었어요. 다음에 기회가 되면 또 보고 싶어요."	"어른인 제가 봐도 이렇게 신기한데 애들이 더 재미있고 신기했을 것 같아요. 너무 유익하네요. 정말 대단하십니다. 고생 많으셨습니다. 저도 과학인형극 함께 해 보고 싶어요."

4. 한 줄 마음 쓰기

구분	한 줄 마음 쓰기
잘한 부분 또는 인상 깊은 장면이나 상황, 추억거리	주일: 큰 무대에서 준비한 만큼의 최상의 연기와 연출을 보여 주었음 명일: 큰 공연을 해 보지 않았는 데도 불구하고 자신감을 가지고 잘 해냄, 무대의 설치 해체가 대체로 빠름 형섭: 동생들의 자신감! 형섭이의 레크리에이션 성천: 연기 및 다양한 상황에 적응해 볼 수 있는 기회가 되었음
잘한 부분이나 인상 깊은 장면이나 상황, 추억거리	정욱: 밴드와 레크리에이션을 활용한 관객 유치 성공, 과학 실험이 잘 이루어지지 않았다. 인걸: 연기자 측면에서 서로의 호흡을 생각하며 연기한 점, 상황에 맞게 공연에 대비한 점

잘한 부분 또는 인상 깊은 장면이나 상황, 추억거리	영국: 첫 회 공연 후, 상황에 맞게 발빠르게 움직여서 2차 공연 시 보완한 점이 좋았다. 주현: 위기 상황에서의 임기응변, 좋은 음향 시설, 새로운 장소와 경험 창근: 자신감을 가지고 공연에 임한 점, 팀원이 한마음이 되어 자신의 역할을 충실히 하고 항상 웃고 서로 격려한 점
아쉬운 부분 또는 고칠 장면이나 상황, 삭제거리	주일: 비상 상황에 대한 창의적 대처 능력을 향상할 필요가 있다. 명일: 무대가 환할 경우에 어떻게 하면 좋을까에 대한 고민……. 조명을 대체할 만한 것 확인, 과학 부분이 좀 더 대형화, 정확화되어야겠다. 형섭: 제가 첫날 참석하지 못한 점, 오픈된 공간에서 관객을 집중시키는 방법, 화물 운반의 효율성 성천: 과학 및 음향의 임팩트 있는 개선이 필요하다. 정욱: 음향 기기와 영상 기기에 대한 담담자와의 확인 절차가 미리 이루어지면 좋을 듯하다. 인걸: 인형의 움직임이 작았던 점. 음향과 연기 타이밍 연습. 과학을 거대화할 필요가 있다. 영국: 공연 외의 부분(관객 동원, 기자재 여건 등)은 공연 전에 미리 협의가 잘 이루어져야 할 것 같다. 주현: 관객 동원 측면에서 생각하지 못한 점이 있었다. 창근: 과학 부분에 대한 오류를 없애도록 하여 언제 어느 때든 성공적인 과학인형극 공연이 되도록 해야겠다.

5. 공연 발자취

2012 운암초등학교 토요과학인형극 『별주부전』

- 일시: 2012년 7월 21일
- 장소: 광주운암초등학교 시청각실
- 참여 인원: 꼭두샘 회원 전원
- 관람 인원: 30명

주인공과 스태프	
하주일	총괄 진행
김명일	연출
김형섭	음향
홍성천	조명
최정욱	스파이더맨, 과학 진행
정인걸	거북이
송창근	토끼
정영국	용왕
진주현	대갈공명

사용한 과학	
색깔 용액 (청색병 반응)	• 염기성 포도당 수용액 산화 환원 반응
색깔용액 (청색병 반응)	• 메틸린블루 지시약 이용(무색→청색)
비밀 글씨	페놀프탈레인 용액 염기성 색 변화
젖지 않는 배	기저귀의 흡수성
레이저 문	거울에 레이저가 반사되는 성질
디지털현미경	깻잎 표면의 모용 관찰하기
생수통 불꽃 반응	에탄올 이용 금속의 불꽃 반응 색 관찰

2012 고성세계잼버리 과학인형극 『금도끼 은도끼』

- 일시: 2012년 8월 4일
- 장소: 강원도 고성 세계잼버리야영장 강당
- 참여 인원: 꼭두샘 회원 8명(홍성천 부재)
- 관람 인원: 200명

주인공과 스태프

하주일	나쁜 나무꾼
김명일	착한 나무꾼
김형섭	산신령
최정욱	음향
정인걸	레크레이션, 스파이더맨
송창근	늑돌이, 기록
정영국	꿀복이, 조명

사용한 과학

무지개 분수	• 드라이 아이스를 이용한 색 변화 • 이산화탄소 발생
스텔라리움	밤하늘 별자리, 토성에 대한 설명
연못색 변화	산성, 염기성 성질 이용 변화
공기	파스칼의 원리를 이용한 대포
대포	깻잎 표면의 모용 관찰하기

진주현	과학 진행

생수통 불꽃반응	에탄올 이용 금속의 불꽃반응 색 관찰
생수통 불꽃 반응	에탄올 이용 금속의 불꽃 반응 색 관찰

2012 일산 킨텍스 대한민국과학축전 『별주부전』

- 일시: 2012년 8월 14, 15일(2회)
- 장소: 일산 킨텍스 중앙광장
- 참여 인원: 꼭두샘 회원 전원
- 관람 인원: 250명

주인공과 스태프

하주일	총괄 진행
김명일	연출
김형섭	레크리에이션
홍성천	조명
최정욱	스파이더맨, 과학 진행
정인걸	거북이
송창근	토끼
정영국	용왕
진주현	대갈공명

사용한 과학

색깔 용액 (청색병 반응)	• 염기성 포도당 수용액 산화 환원 반응 • 메틸린블루 지시약 이용 (무색→청색)
비밀 글씨	페놀프탈레인 용액 염기성 색 변화
젖지 않는 배	기저귀의 흡수성
레이저 문	거울에 레이저가 반사되는 성질
디지털현미경	깻잎 표면의 모용 관찰하기
생수통 불꽃 반응	에탄올 이용 금속의 불꽃 반응 색 관찰

별주부전
별주부전

2012 광주문화예술회관 과학인형극 『별주부전』

- 일시: 2012년 11월 18일
- 장소: 광주문화예술회관 소극장
- 참여 인원: 꼭두샘 회원 전원
- 관람 인원: 광주 시민 520명

주인공과 스태프

하주일	개구리, 사진 촬영
김명일	조명
김형섭	음향
홍성천	과학 진행
최정욱	스파이더맨
정인걸	거북이
송창근	토끼
정영국	용왕
진주현	대갈공명

사용한 과학

빛그림 사진	• 카메라 셔터 스피드 조절 • 잔상 효과를 이용한 토끼 형상화
비밀 글씨	페놀프탈레인 용액 염기성 색 변화
계영배	사이펀의 원리 – 물의 압력과 중력과의 상관관계
레이저 문	레이저의 반사 성질 이용
소변 분수	• 식초를 이용한 기포 발생 • 이산화탄소 발생
간이 비중계	소금물의 밀도를 이용한 부력 변화

별주부전

제4부

STEAM 융합교육을 활용한 과학인형극 사례

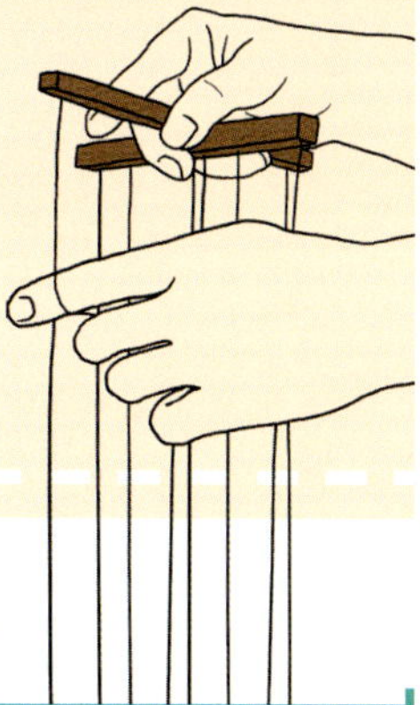

15 · 16 · 17

과학인형극의 과정별 관련 교육과정 분석 내용

과정	교과	학년 학기	단원	차시 활동 내용
대본 쓰기 1	즐거운 생활	1-1	3. 가족은 소중해요	[4/12차시] 노래 부르며 여러 가지 놀이하기
				[8/12차시] 실내놀이하기
			4. 숲 속 나라 잔치	[9~10/12차시] 동물 소리 흉내 내기
		2-2	6. 팥죽 할머니와 호랑이	[3~4/12차시] 연극놀이 계획 세우기
	국어	1-2	7. 상상의 날개를 펴고	[3~4/4차시] 이야기를 읽고 재미있는 장면을 글이나 그림으로 표현하기(쓰기)
		2-1	7. 따뜻한 눈길로	[5~6/6차시] 어떤 일이 이어질지 상상하며 뒷이야기 꾸며 보기(읽기)
		2-2	1. 느낌을 나눠요	[2/4차시] 인형극을 보고 인물의 말과 행동 찾아보기(듣기 · 말하기 · 쓰기)
			7. 재미가 솔솔	[2~3/4차시] 이야기를 읽고 이어질 내용 꾸며 쓰기(쓰기)

대본 쓰기 1	국어	3-2	1. 마음으로 보아요	[5~6/6차시] 인물의 성격을 생각하며 새로운 이야기 꾸며 쓰기(읽기)
			7. 마음을 읽어요	[4/6차시] 등장인물의 특성을 살려 이야기를 바꾸는 방법 알아보기(듣기 · 말하기 · 쓰기)
		5-1	7. 상상의 날개	[1/6차시] 이야기를 꾸며 쓰는 방법 알기(듣기 · 말하기 · 쓰기)
				[2~3/6차시] 사건 사이의 관계가 잘 드러나게 이야기 꾸며 쓰기(듣기 · 말하기 · 쓰기)
		5-2	1. 상상의 표현	[1/6차시] 이야기를 꾸밀 때 주의할 점 알기(듣기 · 말하기 · 쓰기)
				[2/6차시] 주제에 알맞게 이야기를 꾸미는 방법 알기(듣기 · 말하기 · 쓰기)
				[3/6차시] 주제에 알맞은 사건을 만들어 이야기 꾸며 쓰기(듣기 · 말하기 · 쓰기)
				[4/6차시] 이야기를 꾸며 쓸 때 사건 사이의 관계를 드러내는 방법 알기(듣기 · 말하기 · 쓰기)
				[5~6/6차시] 주제를 생각하며 이야기 꾸며 쓰기(듣기 · 말하기 · 쓰기)

과정	교과	학년 학기	단원	차시 활동 내용
대본 쓰기 2	국어	5-2	7. 이야기와 삶	[1/6차시] 촌극에 대하여 알기(듣기 · 말하기 · 쓰기)
				[2/6차시] 촌극의 대본을 쓰는 방법에 대하여 알기(듣기 · 말하기 · 쓰기)
				[3~4/6차시] 촌극의 특성을 생각하며 대본 쓰기(듣기 · 말하기 · 쓰기)
				[5~6/6차시] 관객을 고려하여 실감 나게 촌극 공연하기(듣기 · 말하기 · 쓰기)
		6-1	7. 문학의 향기	[4/6차시] 이야기를 희곡으로 바꾸어 쓰는 방법 알기(듣기 · 말하기 · 쓰기)

대본 쓰기 2	국어	6-1	7. 문학의 향기	[5~6/6차시] 이야기를 희곡으로 바꾸어 쓰기 (듣기 · 말하기 · 쓰기)
		3-1	2. 고장의 자랑	[7/17차시] 고장의 자랑스러운 인물과 사건에 대해 정리하기
				[8/17차시] 고장의 자랑스러운 인물과 사건에 대해 감사하는 마음 표현하기
		3-2	3. 다양한 삶의 모습	[11/15차시] 세계 여러 나라의 명절과 기념일의 종류와 특징 알아보기
		5-1	3. 유교 전통이 자리 잡은 조선	[9/17차시] 신분 사회인 조선의 여러 모습 알아보기
	사회	5-2	2. 새로운 문물의 수용과 자주독립	[8/19차시] 개화에 대한 서로 다른 주장을 역할극으로 꾸며 보기
		6-1	3. 환경을 생각하는 국토 가꾸기	[8/17차시] 경제적 가치와 사회적 가치가 상호 보완되는 환경 보전에 대해 토론하기
				[17/17차시] 합리적 의사 결정 과정을 통해 지역 사회의 문제 해결하기, 환경 기초 시설의 설치 예 찾아보기
		6-2	3. 정보화, 세계화 그리고 우리	[6~7/14차시] 세계화의 쟁점 사례를 이해하고 쟁점에 대한 자신의 입장을 근거를 들어 주장하기
	과학	3-1	4. 날씨와 우리 생활	[11/11차시] 과학 글쓰기
		3-2	2. 동물의 세계	[10/10차시] 과학 글쓰기
	체육	3-1	4. 표현활동	[3/6차시] 곤충이 되어 여러 가지 방법으로 이동하면서 움직여 보기
		3-2	4. 표현활동	[8/10차시] 물방울의 여행 과정을 이야기로 만들어 보기
				[9/10차시] 주제를 정해 표현 작품 만들기

과정	교과	학년 학기	단원	차시 활동 내용
인형 만들기	즐거운 생활	1-1	1. 즐거운 학교생활	[6~7/12차시] 남생이 등딱지 표현하기
			3. 가족은 소중해요	[6~7/12차시] 얼굴 표정 나타내기
			4. 누구를 만날까요	[3~5/12차시] 탈 만들기
		1-2	4. 숲 속 나라 잔치	[5~6/12차시] 동물 음악회에 나오는 동물 만들기
		2-1	3. 토끼와 거북	[7~8/12차시] 동물 모양의 탈 꾸미기
	수학	1-1	3. 여러 가지 모양	[1~3/12차시] 여러 가지 모양을 만들어 보아요
		2-1	3. 여러 가지 모양	[5/11차시] 여러 가지 모양을 만들 수 있어요
		6-1	4. 여러 가지 입체 도형	[5/9차시] 여러 가지 입체 도형의 위, 앞, 옆에서 본 모양을 나타낼 수 있어요
	미술	3-1	1. 형과 색	[1~4/4차시] 형과 색 놀이
			5. 관찰 표현	[1~4/4차시] 얼굴을 이리 보고 저리 보고
		3-2	10. 디자인과 생활	[1~4/4차시] 움직이는 놀잇감 만들기
		4-1	1. 형과 색	[1~6/6차시] 형과 색이 만나면
			2. 경험 표현	[1~6/6차시] 무용하는 모습 떠올리며 움직이는 인형 만들기
			5. 관찰 표현	[1~4/4차시] 찰흙으로 나타내기
		4-2	7. 시각 문화 환경과 예술	[1~6/6차시] 캐릭터는 내 친구
	실과	5-2	7. 옷 입기와 관리하기	[7~8/10차시] 간단한 의복 수선은 어떻게 할까요?
		6-2	5. 간단한 생활용품 만들기	[1~10/10차시] 바느질 도구를 이용한 생활용품 만들기

과정	교과	학년 학기	단원	차시 활동 내용
과학 실험 세트 만들기 1	수학	3-1	8. 길이와 시간	[11/12차시] 탐구 활동, 문제해결
		3-2	5. 들이와 무게	[7~8/12차시] 무게를 어림하고 합과 차를 알 수 있어요
		5-2	8. 여러 가지 단위	[3/7차시] 예상하고 확인할 수 있고 표를 만들 수 있어요

과학 실험 세트 만들기 1	사회	5-1	2. 다양한 문화를 꽃피운 고려	[14/16차시] 고려의 다양한 과학기술 발달 알아보기(팔만대장경 등)
			3. 유교 전통이 자리 잡은 조선	[6/17차시] 세종 때의 다양한 과학기술 알아보기(측우기 등)
		5-2	1. 조선 사회의 새로운 움직임	[3/15차시] 수원 화성에 사용된 건축기술 알아보기(거중기 등)
		6-2	3. 정보화, 세계화 그리고 우리	[2/14차시] 과학기술이 우리 생활에 미치는 영향(스마트폰 등)
	과학	3-1	1. 우리 생활과 물질	[7~11/11차시] 물질의 상태(신기한 기체, 헬륨)
		3-2	2. 동물의 세계	[1~6/10차시] 동물의 생김새, 동물이 사는 곳
		4-2	1. 식물의 세계	[6/10차시] 식물의 생김새
		5-1	1. 지구와 달	[1~9/11차시] 과학 실험방(지구와 달의 특징)

과정	교과	학년 학기	단원	차시 활동 내용
과학 실험 세트 만들기 2	과학	5-1	3. 식물의 구조와 기능	[2~10/12차시] 과학 실험방(뿌리의 구조와 기능, 잎의 구조와 기능, 꽃의 구조와 기능, 열매의 구조와 기능)
		5-2	2. 용해와 용액	[2~8/10차시] 과학 실험방(설탕물을 이용하여 탑 쌓기)
			4. 태양계와 별	[2~8/10차시] 과학 실험방(하룻밤 동안 별자리가 움직이는 방향)
		6-1	1. 빛	[2~6/8차시] 과학 실험방(빛의 직진, 빛의 반사, 빛의 굴절, 물체를 보는 과정)
			2. 산과 염기	[2~6/8차시] 과학 실험방(산성 용액과 염기성 용액의 성질, 산과 염기를 섞을 때의 변화 관찰)
		6-2	2. 여러 가지 기체	[2~8/8차시] 과학 실험방(여러 가지 기체와 우리 생활과의 관계)

과학 실험 세트 만들기 2	미술	6-2	4. 연소와 소화	[2~8/8차시] 과학 실험방(질이 탈 때 나타나는 현상, 연소의 정의 및 연소에 필요한 조건, 연소와 소화의 관련성)
		4-2	11. 영상 표현	[1~4/4차시] 움직이는 그림(눈의 착시, 잔상 부채 만들기)
	실과	5-1	2. 식물과 함께 하는 생활	[1~10/10차시] 생활 속의 식물, 꽃이나 채소 가꾸기
		6-2	6. 생활 속의 전기 전자	[1~10/10차시] 전기 전자 용품의 사용과 관리, 간단한 전자 회로 꾸미기

과정	교과	학년 학기	단원	차시 활동 내용
소품 만들기 1	즐거운 생활	1-1	5. 흔들흔들	[5~6/12차시] 종이 접어 오리기
			6. 와! 여름이다	[4~5/12차시] 색 안경 만들기
		1-2	3. 가족은 소중해요	[8/12차시] 가족 놀이를 준비하기
			1. 나의 몸	[6~7/12차시] 눈, 코, 입, 귀, 손 만들기
			2. 병원놀이	[4/6차시] 병원놀이 하는 데 필요한 준비물 알아보기
	슬기로운 생활	1-2	5. 생각하여 만들기	[6/6차시] 가을 동산을 꾸미기 위하여 필요한 것 만들기
		2-2	3. 토끼와 거북	[6/12차시] 응원 도구 만들기
			4. 꽃으로 꾸미는 세상	[4/6차시] 꽃과 꽃밭의 동물 만들기
				[6/6차시] 여러 가지 꽃 장식 만들기
			6. 팥죽 할머니와 호랑이	[9~10/12차시] 등장인물의 의상과 소품 만들기
	수학	2-1	5. 길이 재기	[5/9차시] 자를 이용하여 길이를 잴 수 있어요
		3-1	8. 길이와 시간	[4~5/12차시] 길이의 차를 알 수 있어요, 길이의 합을 알 수 있어요
		4-1	3. 각도	[3/9차시] 각도가 주어진 각을 그릴 수 있어요

과정	교과	학년 학기	단원	차시 활동 내용
소품 만들기 2	사회	3-1	3. 고장의 생활과 변화	[5/17차시] 옛날과 오늘날의 의식주 비교하기 [8/17차시] 옛날과 오늘날의 생활용품 비교하기
		5-1	3. 유교 전통이 자리 잡은 조선	[9/17차시] 신분별 생활 모습 비교하기
		5-2	1. 조선 사회의 새로운 움직임	[9/15차시] 조선시대의 생활용품 알아보기
		6-2	2. 세계 여러 지역의 자연과 문화	[4/15차시] 세계 각지의 전통 의상 알아보기
	미술	3-2	4. 상상 표현	[2~6/6차시] 주제를 정해 표현 작품 만들기
			10. 디자인과 생활	[1~6/6차시] 무늬를 꾸며 봐요, 움직이는 놀잇감
		4-2	10. 디자인과 생활	[1~6/6차시] 흙으로 만든 그릇, 그림 글자
		5-2	10. 디자인과 생활	[1~6/6차시] 디자인의 세계, 알리는 것 꾸미기
			11. 공예와 생활용품	[1~4/4차시] 전통공예, 아름답고 기능적인 생활용품
		6-2	10. 디자인과 생활	[1~6/6차시] 포장 디자인
	실과	5-2	5. 생활 속의 목제품	[1~10/10차시] 생활 속의 목제 이용, 목제품 구상과 만들기

과정	교과	학년 학기	단원	차시 활동 내용
무대 세트 만들기 1	슬기로운 생활	1-2	5. 생각하여 만들기	[6/6차시] 가을 동산을 꾸미기
		2-2	4. 꽃으로 꾸미는 세상	[6/6차시] 친구와 꽃밭 꾸미기
	즐거운 생활	2-2	6. 팥죽 할머니와 호랑이	[5~6/12차시] 무대 배경 꾸미기
	수학	3-1	5. 평면도형의 이동	[4/7차시] 평면도형을 뒤집고 돌릴 수 있어요
		4-2	3. 수직과 평행	[2~4/8차시] 수직선을 그을 수 있어요, 평행선을 그을 수 있어요
		5-1	5. 도형의 합동	[5/8차시] 합동인 삼각형을 그릴 수 있어요.
		5-2	3. 도형의 대칭	[2~6/ 8차시] 선대칭 도형을 그릴 수 있어요, 점대칭 도형을 그릴 수 있어요
	사회	4-2	2. 여러 지역의 생활	[1/15차시] 여러 지역이 생활 모습 알아보기
		6-2	2. 세계 여러 지역의 자연과 문화	[2~4/15차시] 북반구의 다양한 생활 모습 알아보기
	미술	3-1	2. 경험의 표현	[1~4/4차시] 수채화의 세계, 나의 경험을 작품 속에
			4. 자연환경과 미술	[1~6/6차시] 자연에서 느껴 보자
			6. 상상 표현	[1~6/6차시] 상상의 세계로, 찍어서 나타내기

과정	교과	학년 학기	단원	차시 활동 내용
무대 세트 만들기 2	미술	4-1	2. 경험 표현	[1~6/6차시] 예술적 경험을 미술로
				[1/6차시] 영화나 연극에 등장하는 인물과 무대 만들기
				[2~6/6차시] 예술적 경험을 미술로
			6. 상상 표현	[1~6/6차시] 나도 그림책 작가
		4-2	10. 디자인과 생활	[2/6차시] 그림 글자 만들기 [3~6/6차시] 간판 만들기

무대 세트 만들기 2	미술	4-2	12. 우리 미술 문화	[1/6차시] 전통 미술과 친해지자
				[2~6/6차시] 전통 미술과 친해지자
		5-2	10. 디자인과 생활	[1~6/6차시] 글과 그림으로 전달하기
		6-1	6. 찍어서 표현하기	[1/6차시] 다색으로 찍기
		6-2	11. 공예와 생활용품	[3~4/4차시] 내가 디자인한 생활용품

과정	교과	학년 학기	단원	차시 활동 내용
공연 효과 만들기	슬기로운 생활	2-1	3. 귀를 기울여요	[1/6차시] 주위에서 들리는 소리
		2-2	2. 그림자와 친구 해요	[5/6차시] 그림자 연극 준비하기
	즐거운 생활	2-2	2. 만화영화 속의 친구들	[9~10/12차시] 움직이는 그림 만들기
			6. 팥죽 할머니와 호랑이	[7~8/차시] 이야기에 나오는 말과 소리 만들기
	미술	4-2	11. 영상 표현	[1~4/4차시] 움직이는 그림
		5-1	3. 시각 문화 환경과 미술	[1~4/4차시] 미술은 우리 곁에 있어요
		5-2	9. 상상 표현	[1~4/4차시] 상상의 세계
			13. 감상	[1~4/4차시] 미술작품, 어떻게 볼까요?
		6-1	3. 시각 문화 환경과 미술	[1~6/6차시] 생활과 공간
		6-2	9. 상상 표현	[1~6/6차시] 생각을 자유롭게
			13. 감상	[1~6/6차시] 다양한 미술 작품 감상, 미술과 문화
	실과	5-1	3. 정보 기기와 사이버 공간	[1~10/10차시] 정보 기기의 이용, 사이버 공간의 특성과 윤리
		6-1	2. 인터넷과 정보	[1~10/10차시] 정보의 탐색과 시작, 정보를 활용한 생활

과정	교과	학년 학기	단원	차시 활동 내용
음향 제작 하기	즐거운 생활	1-2	4. 숲 속 나라 잔치	[3~4/12차시] 이야기를 음악으로 나타내기
				[9~10/12차시] 음악회에 나오는 동물 소리 나타내기
			6. 흐름결을 느껴요	[7~8/12차시] 여러 가지 물체를 소리 내어 보기
				[9/12차시] 여러 가지 리듬악기로 소리 내어 보기
		2-1	1. 소리 축제	[1/12차시] 주변에서 들리는 소리 찾기
				[4/12차시] 봄에 들리는 소리 나타내 보기
			3. 토끼와 거북	[1/12차시] 분위기에 따라 달라지는 음악의 빠르기 느껴 보기
				[4/12차시] 동물의 움직임을 악기로 나타내 보기
			6. 여름이 오면	[6~7/12차시] 여름에 들을 수 있는 소리 흉내 내 보기
		2-2	1. 노래하는 아이들	[2/12차시] 같은 악기로 여러 가지 소리 만들기
			5. 낙엽 소리	[4/12차시] 소리를 찾아서 악기로 연주해 보기
			6. 팥죽 할머니와 호랑이	[7~8/12차시] 이야기에 나오는 말과 소리 만들기

과정	교과	학년 학기	단원	차시 활동 내용
인형 조작 하기	즐거운 생활	1-1	4. 누구를 만날까요	[6~7/12차시] 동물과 식물의 움직임을 흉내 내 보기
			5. 흔들흔들	[3/12차시] 여러 가지 움직이는 모습을 몸으로 나타내기
				[4/12차시] 나무의 모습을 몸으로 나타내 보기
		1-2	4. 숲 속 나라 잔치	[9~10/12차시] 만든 동물로 인형놀이하기
				[11~12/12차시] 동물의 움직임을 살려서 동물 음악회하기
		2-1	3. 토끼와 거북	[7~8/12차시] 동물의 탈을 쓰고 움직임 흉내내기
			4. 꽃으로 꾸미는 세상	[5/12차시] 식물의 모습을 몸으로 표현하기

인형 조작하기	즐거운 생활	2-1	4. 꽃으로 꾸미는 세상	[11~12/12차시] 식물과 동물의 움직임을 살려서 인형극하기
		2-2	6. 팥죽 할머니와 호랑이	[11~12/12차시] 움직임을 잘 살려 연극놀이하기
	미술	3-1	2. 경험 표현	[2/6차시] 무용하는 인형을 만들어 조작하기
				[3~5/6차시] 영화나 연극을 인형과 무대로 만들어 표현하기
			5. 관찰 표현	[3~4/4차시] 좋아하는 동물의 움직임을 관찰하여 표현하기
			7. 시각문자 환경과 미술	[1/6차시] 좋아하는 캐릭터의 동세를 찾아 표현하기
				[2~5/6차시] 얼굴 표정에 따라 눈과 입, 움직임, 감정 표현이 어떻게 달라지는지 알아보기
			10. 디자인과 생활	[1/4차시] 주변에 있는 움직이는 것 알아보기
		5-2	4. 움직이는 사람들	[2~3/6차시] 사람들의 움직임을 관찰하고 표현하기
			12. 이것도 미술 재료	[2~3/6차시] 동물의 움직임을 관찰하고 표현하기
			21. 우리가 만든 애니메이션	[2~3/6차시] 물체를 다양한 방법으로 움직이고 표현하기

과정	교과	학년 학기	단원	차시 활동 내용
연기 연습하기	슬기로운 생활	1-1	3. 가족은 소중해요	[4~5/6차시] 가족놀이하기
		2-1	4. 사이좋은 이웃	[5~6/6차시] 이웃놀이하기
	국어	1-1	6. 느낌이 솔솔	[1/4차시] 여러 가지 흉내내는 말 알아보기(듣기 · 말하기 · 쓰기)
		1-2	1. 즐거운 마음으로	[4/6차시] 그림 동화를 보고 인물의 몸짓과 표정 알아보기(읽기)
		2-1	1. 느낌을 말해요	[3~4/4차시] 이야기를 듣고 인물의 말을 실감나게 표현하여 보기(듣기 · 말하기 · 쓰기)

연기 연습 하기	국어		1. 느낌을 나눠요	[3/4차시] 인물의 말과 행동에 주의하며 인형극 보기(듣기 · 말하기 · 쓰기)
		2-2	4. 마음을 주고받으며	[5~6/6차시] 인물의 마음을 생각하며 글을 실감나게 읽어 보기(읽기)
			6. 하고 싶은 말	[3~4/4차시] 이야기 속 인물이 되어 하고 싶은 말을 조리 있게 해 보기(듣기 · 말하기 · 쓰기)
		3-1	7. 이야기의 세계	[5~6/6차시] 이야기에 나오는 등장인물의 말투, 표정, 몸짓을 흉내 내어 보기(듣기 · 말하기 · 쓰기)
		4-1	1. 생생한 느낌 그대로	[5~6/6차시] 인물의 성격을 살려 이야기를 실감나게 읽기(읽기)
		6-2	7. 즐거운 문학	[2/6차시] 등장인물의 성격에 알맞게 표현하는 방법 알기(듣기 · 말하기 · 쓰기)
	사회	4-2	1. 경제생활과 바람직한 선택	[5/15차시] 우리 주변의 다양한 직업의 사람이 되어 보기 [7/15차시] 기업가가 되어 기업을 운영해 보기
	미술	3-1	3. 작품 감상	[1~4/4차시] 미술 작품, 어떻게 볼까?
		3-1	4. 표현활동	[3/6차시] 곤충이 되어 여러 가지 방법으로 이동하면서 움직여 보기
	체육	4-1	4. 표현활동	[1/4차시] 리듬의 변화에 따른 다양한 움직임 알아보기
		3-2	4. 표현활동	[7/8차시] 주제를 정해 표현 작품 만들기
		6-1	4. 표현활동	[3~6/9차시] 움직임으로 표현하기

과정	교과	학년 학기	단원	차시 활동 내용
리허설 하기	슬기로운 생활	2-2	2. 그림자와 친구 해요	[5/6차시] 그림자 연극 준비하기
	국어	2-1	3. 이런 생각이 들어요	[5~6/6차시] 인물의 마음을 생각하며 실감나게 읽어 보기(읽기)
			8. 재미가 새록새록	[3/3차시] 물의 모습과 행동에 어울리는 목소리로 이야기 읽어 보기(읽기)
		2-2	1. 느낌을 나눠요	[4/4차시] 인형극에 나오는 인물의 행동을 몸짓으로 나타내어 보기(듣기 · 말하기 · 쓰기)
			7. 재미가 솔솔	[3~4/4차시] 만화영화를 보고 인물의 말을 실감나게 표현하여 보기(듣기 · 말하기 · 쓰기)
		6-2	7. 즐거운 문학	[3~4/6차시] 연극을 하기 위한 준비하기(듣기 · 말하기 · 쓰기)
	체육	3-1	4. 표현활동	[4/6차시] 기구를 가지고 움직여 보기
		3-2	4. 표현활동	[9/10차시] 주제를 정해 표현 작품 만들기
		4-1	4. 표현활동	[1~4/4차시] 리듬에 맞추어 하나, 둘, 셋
		6-1	4. 표현활동	[15/15차시] 작품 발표 및 감상하기

과정	교과	학년 학기	단원	차시 활동 내용
공연 하기	즐거운 생활	2-1	4. 꽃으로 꾸미는 세상	[11~12/12차시] 인형극하기
		2-2	6. 팥죽 할머니와 호랑이	[11~12/12차시] 연극놀이하기
	슬기로운 생활	2-2	2. 그림자와 친구 해요	[6/6차시] 그림자 연극하기
	국어	2-2	8. 재미가 새록새록	[2/2차시] 등장인물의 말과 행동에 주의하며 인형극하여 보기(듣기 · 말하기 · 쓰기)
		3-2	7. 마음을 읽어요	[5~6/6차시] 새롭게 꾸민 이야기를 연극으로 나타내어 보기(듣기 · 말하기 · 쓰기)
		6-2	7. 즐거운 문학	[5~6/6차시] 등장인물의 성격을 생각하며 실감나게 연극하기(듣기 · 말하기 · 쓰기)

공연하기	수학	3-2	7. 자료 정리	[5/8차시] 알맞은 그래프로 나타낼 수 있어요
		4-2	7. 꺾은선그래프	[5/9차시] 알맞은 그래프로 나타낼 수 있어요
		5-2	6. 자료의 표현과 해석	[4/7차시] 지료를 그래프로 나타내고 설명할 수 있어요
		6-1	6. 비율그래프	[1~5/8차시] 띠그래프를 그릴 수 있어요, 원그래프를 그릴 수 있어요
	체육	3-1	4. 표현활동	[1~6/6차시] 움직임 세상 속으로
		3-2	4. 표현활동	[1~7/10차시] 표현의 즐거움을 느끼며
				[1~10/10차시] 주제를 정해 표현 작품 만들기
		4-1	4. 표현활동	[1~4/4차시] 리듬을 만들어 보고, 리듬에 맞추어 춤으로 표현하기
		6-1	4. 표현활동	[7~8/15차시] 창작 과정 알아보기
	미술	5-2	12. 사진과 영상	[1~4/4차시] 사진과 생활
		6-2	12. 사진과 영상	[1~6/6차시] 움직이는 세상

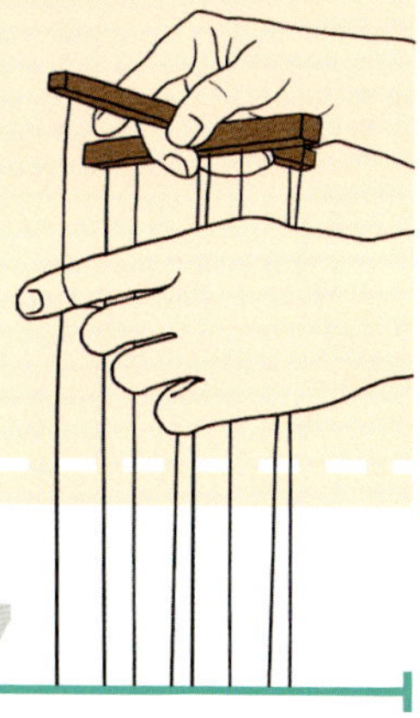

15 · 16 · 17

과학인형극의 과정별 학생 활동지 내용

과학인형극 준비하기 I

_____________초등학교 ____학년 ____반 이름:_____________

과학인형극으로 바꾸고 싶은 이야기는?

등장인물 및 역할 정하기

등장인물의 성격 분석하기

이야기를 극본으로 바꾸는 방법

이야기 〈임금님의 음식 투정〉

옛날 아주 먼 나라에 임금님이 사셨어요.
임금님은 항상 좋은 음식만 드시고 걱정 없이 사셨어요. 그렇게 살다 보니 맛있는 음식을 먹어도 맛있는 줄 모르고 불평만 하며 신하들에게 심술만 부렸어요. 그래서 공주와 시녀 모두 걱정을 했지요. "아바마마는 왜 날마다 화만 내실까?" 시녀는 풀이 죽은 목소리로 말했지요. "음식 맛이 없으시대요. 어제 저녁도 안 드시고 오늘 아침도 안 잡수셨어요." 이런 이야기를 나누고 있을 때 임금님이 공주에게로 걸어오며 밥이 맛없다고 화를 내시지 뭐예요. 그러고는 야단을 치려는 듯 신하를 불렀답니다.

↓ ↓ ↓

극본 〈임금님의 음식 투정〉

때: 옛날
장소: 임금님이 사시는 궁궐
등장인물: 임금님, 공주, 시녀, 신하

궁궐의 식당, 공주와 시녀가 걱정을 하며 이야기를 나누고 있다.
공주: (시녀를 보며 걱정스러운 표정으로) 아바마마는 왜 날마다 화만 내실까?
시녀: 음식 맛이 없으시대요. 어제 저녁도 안 드시고 오늘 아침도 잡수시지 않으셨어요.
임금: (화가 난 듯이 걸어 나오며) 에이, 맛이 없다. 그것이 어디 임금의 밥상이냐? 고얀 것들, 공주야 넌 밥을 먹었느냐?
공주: 네, 아바마마. 진지 드셨나이까?
임금: 맛이 없어서 안 먹었다. 여봐라.

과학인형극 대본 작성하기

____________초등학교 ____학년 ____반 이름:____________

과학인형극에 포함시키고 싶은 과학 내용은?

과학인형극의 줄거리 작성하기

과학인형극 대본 작성하기

인형 만들기

_____________초등학교 ____학년 ____반 이름:______________

만들고 싶은 인형을 간략히 그려 보세요.

인형을 친구에게 설명해 보세요.

어떻게 만들면 좋을까요?

인형의 움직임을 생각하며, 만들 인형을 자세히 그려 보세요.

배경 꾸미기

____________초등학교 ____학년 ____반 이름:____________

어떤 배경으로 꾸밀까요?

무엇이 필요할까요?

장면에 어울리는 배경 스케치하기

무대 만들기

_______________초등학교 ____학년 ____반 이름:_______________

과학인형극 무대를 어떻게 만들까요?

무엇이 필요할까요?

무대 그려 보기

과학인형극 연습하기

______________초등학교 ____학년 ____반 이름:______________

나의 대사를 친구에게 잘 전달하는 방법은?

인형의 말과 행동을 친구에게 잘 전달하는 방법은?

대사와 인형의 움직임을 생각하며 친구의 연기 보기

과학인형극 공연하기

_____________초등학교 ____학년 ____반 이름:_____________

장면마다 인형의 이동 경로 정하기

장면에 맞게 인형 조작하기

다른 친구의 인형극 공연 관람하기

과학인형극 공연을 하고

____________초등학교 ____학년 ____반 이름: ____________

과학인형극을 준비하고 공연하면서 좋았던 점은?

아쉬웠던 점은?

과학인형극을 한 소감

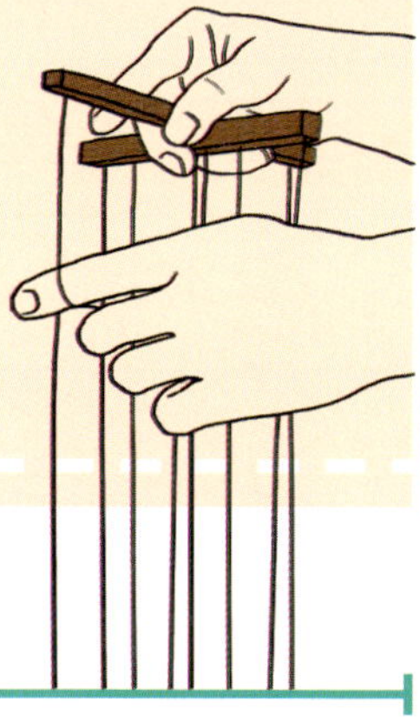

15 · 16 · 17

과학인형극 프로그램

1. 과학과 4학년 1학기 3단원 '식물의 한살이' 교재 분석

1) 단원 선정 배경

이 단원은 식물의 한살이에 대한 단원으로 총 11차시로 구성되어 있다. 마지막 11차시는 마무리하는 시간으로 교육과정에는 '되짚어 보기' '확인하기' '과학 글쓰기'로 구성되었다. 학생이 단원을 모두 배우고 난 후 이 차시에 과학인형극을 통해 단원을 마무리하는 시간으로 활용하고자 하였다. 또한 식물의 한살이란 내용이 대본의 스토리를 구상하는 데 적합하다고 판단하였다.

과학인형극회 '꼭두샘'에서 개발하고 교사가 직접 공연한 과학인형극 '금도끼 은도끼'를 분석한 결과 물질이나 운동과 에너지 영역의 실험활동을 실제 공연에 접목시켰다. 하지만 본 프로그램에서는 초등학교 4학년 학생이 직접 공연을 해야 하기 때문에 학생의 발달 수준을 고려하여 과학적 요소를 대본에 구체적으로 삽입시켜 공연하는 것이 바람직하다는 전문가의 조언을 얻어 생물 영역의 '식물의 한살이' 단원을 설정하였다.

2) 단원 학습 목표

- 식물의 한살이를 관찰하기에 적합한 식물은 조건이 어떠해야 하는지에 대하여 알아본다.
- 여러 가지 씨앗의 생김새와 특징에 대하여 관찰할 수 있다.
- 씨앗이 싹트는 것과 식물이 자라는 데 필요한 조건을 알아보기 위한 실험을 계획할 수 있다.
- 식물이 자라는 것을 다양한 방법으로 측정하여 창의적으로 표현하는 능력을 기른다.
- 식물의 한살이가 식물에 따라 다름을 이해한다.
- 씨앗을 심어 식물을 기르면서 식물의 소중함을 알고 가꾸는 태도를 갖는다.

3) 단원 지도 계획

4학년 1학기 3단원 '식물의 한살이'는 씨앗이 싹트는 모습, 식물의 자람, 식물의 한살이 비교 총 3개의 중단원으로 구성되어 있다. 총 11차시로 이루어지며 마지막 11차시는 대단원을 되짚어 보고 확인하는 차시다.

〈표 17-1〉 '식물의 한살이' 지도 계획

구분	차시	차시명	학습 목표
씨앗이 싹트는 모습 관찰	1/11	한살이를 관찰하기에 적합한 식물을 알아봅시다.	• 한살이를 관찰하기에 적합한 식물을 말할 수 있다. • 식물의 한살이 과정을 관찰하기 위한 계획을 세울 수 있다.
	2/11	여러 가지 씨앗을 관찰하여 봅시다.	• 여러 가지 씨앗의 모양, 색깔, 크기 등을 관찰하고, 그 특징을 말할 수 있다.
	3/11	씨앗이 싹트는 데 필요한 조건을 확인하여 봅시다.	• 씨앗이 싹트는 데 필요한 조건을 말할 수 있다. • 씨앗이 싹트는 데 필요한 조건을 알기 위한 실험을 설계하고 수행할 수 있다.
	4/11	식물의 한살이를 관찰하기 위해 씨앗을 심어 봅시다.	• 씨앗을 심는 방법을 말할 수 있다. • 씨앗을 심는 데 필요한 준비물과 주의 사항을 알 수 있다. • 씨앗을 바르게 심을 수 있다.
식물의 자람	5/11	식물의 한살이를 관찰하기 위해 씨앗을 심어 봅시다.	• 씨앗을 심는 방법을 말할 수 있다. • 씨앗을 심는 데 필요한 준비물과 주의 사항을 알 수 있다. • 씨앗을 바르게 심을 수 있다.
	6/11	식물이 자라는 데 필요한 조건을 알아봅시다.	• 식물이 자라는 데 필요한 조건을 알기 위한 실험 계획을 세우고 이를 수행할 수 있다. • 식물이 자라는 데 필요한 조건에 대하여 말할 수 있다.
	7/11	잎과 줄기가 자라는 모습을 알아봅시다.	• 식물이 자라면서 잎, 줄기의 모양과 크기가 변함을 말할 수 있다. • 강낭콩의 잎과 줄기가 자라는 과정을 여러 가지 방법으로 측정하고 기록할 수 있다.
	8/11	꽃과 열매가 자라는 모습을 알아봅시다.	• 식물이 자라면서 꽃, 열매의 모양과 크기가 변함을 말할 수 있다. • 강낭콩의 꽃과 열매가 자라는 과정을 여러 가지 방법으로 측정하고 기록할 수 있다.
식물의 한살이 비교	9/11	식물의 한살이를 알아봅시다.	• 봉숭아의 한살이를 말할 수 있다. • 식물의 한살이 과정을 여러 가지 방법으로 정리하여 발표할 수 있다.
	10/11	식물의 한살이를 비교하여 봅시다.	• 한해살이 식물의 특징을 말할 수 있다. • 여러해살이 식물의 특징을 말할 수 있다. • 한해살이 식물과 여러해살이 식물의 공통점과 차이점을 말할 수 있다.
마무리	11/11	되짚어 보기/ 확인하기/ 과학 글쓰기 (과학인형극 공연)	

※ 〈표 17-1〉 '식물의 한살이' 지도 계획에서 중요한 부분은 과학 글쓰기다. 과학 글쓰기는 학생의 과학적 기초 소양과 자기주도적 학습 능력을 높이기 위해 단원의 마지막 차시에 제시되어 있는데, 과학인형극을 과학 글쓰기 대신 과학인형극 공연을 마지막 차시에 적용하였다.

2. 단원 분석을 통한 대본 개발에 필요한 시사점 추출

과학인형극 프로그램을 개발하는 이유는 과학 시간에 배운 내용을 인형극이란 도구를 통해 학생에게 흥미를 유발하고 학습 목표를 달성할 수 있도록 하기 위함이다. 과학인형극에서 가장 중요한 부분은 학생이 직접 인형극을 공연할 수 있도록 하는 대본화 작업이다. 대본 속에 단원의 학습 목표가 잘 반영되어 있어야 하고 학생의 창의성과 재미를 유발할 수 있는 요소가 포함되어 있어야 한다.

1) 줄거리 설정

심한 태풍을 만나 배가 난파되어 외딴 강낭콩섬에 도착하게 된 주인공들이 여러 가지 어려움을 겪어 내며 강낭콩섬을 탈출하는 내용이다. 이때 강낭콩섬을 탈출하도록 돕는 인물을 등장시킨다. 또한 학생에게 재미를 주기 위해 이를 방해하는 인물을 설정한다. 강낭콩섬을 탈출하기 위해서는 식물의 한살이에 알고 있어야 한다. 학생은 공연을 하며 주인공들과 탈출을 돕는 인물들의 대화를 통해 '식물의 한살이' 학습 내용을 이해한다.

2) 등장인물

주인공 3명(학생수준에 맞는 인물), 돕는 인물 2명, 방해하는 인물 1명

3) 대본 개발에 필요한 시사점 추출

단원 분석을 통해 대본 개발에 필요한 시사점을 추출하였다. 내용은 〈표 17-2〉와 같다.

〈표 17-2〉 대본 개발에 필요한 시사점 추출

차시	차시명	학습 목표
1/11	한살이를 관찰하기에 적합한 식물을 알아봅시다.	다른 식물에 비해 강낭콩을 키우면 좋은 점에 대한 질문과 답변
2/11	여러 가지 씨앗을 관찰하여 봅시다.	강낭콩섬 주위에 있는 여러 가지 씨앗섬 안내(옥수수섬, 호두섬 등)
3/11	씨앗이 싹트는 데 필요한 조건을 확인하여 봅시다.	강낭콩이 싹을 틔우기 위해서는 적당한 물과 온도가 필요함을 제시
4/11	식물의 한살이를 관찰하기 위해 씨앗을 심어 봅시다.	강낭콩이 싹트는 단계에 대한 질문과 답변
5/11	식물의 한살이를 관찰하기 위해 씨앗을 심어 봅시다.	씨앗을 심는 방법에 대한 질문과 답변
6/11	식물이 자라는 데 필요한 조건을 알아봅시다.	강낭콩이 자라는 데 물과 햇빛, 양분이 필요함을 제시
7/11	잎과 줄기가 자라는 모습을 알아봅시다.	강낭콩을 의인화하여 몸(줄기), 팔(잎) 제시
8/11	꽃과 열매가 자라는 모습을 알아봅시다.	강낭콩 몸에서 아름다운 꽃이 피어나는 상황을 제시하고 그 자리에 맛있는 열매가 맺히는 상황 제시
9/11	식물의 한살이를 알아봅시다.	식물의 한살이를 강낭콩의 일생으로 제시
10/11	식물의 한살이를 비교하여 봅시다.	강낭콩(한해살이)과 호두(여러해살이)의 일생을 비교하여 제시
11/11	되짚어 보기, 확인하기	과학인형극 공연

3. 과학인형극 '강낭콩섬 탈출기' 대본 개발

과학인형극 프로그램의 가장 핵심은 대본 개발이다. 과학인형극 대본 속에 과학과 교육과정에 제시되어 있는 학습 목표가 잘 반영되어야 한다. 초등학교 과학과 4학년 1학기 3단원 '식물의 한살이' 교재 분석과 과학인형극회 '꼭두샘'의 과학인형극 분석을 통해, 과학인형극 '강낭콩섬 탈출기' 대본을 제작하였다.

1) '강낭콩섬 탈출기' 초안 개발

(1) '강낭콩섬 탈출기' 줄거리

주인공인 강돌이와 강순이가 바다에서 태풍을 만나 강낭콩섬에 도착하게 된다. 그리고 강낭콩섬을 지키는 강낭콩병정을 만나게 된다. 강돌이와 강순이가 강낭콩섬을 빠져나가기 위해서는 강낭콩에 대해 모든 것을 알고 있어야 한다. 강낭콩병정은 강돌이와 강순이가 강낭콩의 여러 가지 지식을 알 수 있도록 도와준다. 그런데 강순이가 그만 이웃섬에 있는 호두왕자에게 납치당한다. 납치당한 강순이를 데려오기 위해서는 식물의 한살이의 문제를 맞추어야만 한다. 강돌이는 강낭콩병정의 도움을 받아 강순이를 구출시키고 강낭콩섬을 탈출하게 된다.

(2) 등장인물 설정

'강낭콩섬 탈출기'에 등장하는 인물은 〈표 17-3〉과 같다.

〈표 17-3〉 등장인물 설정

등장인물	인물 소개
개골이	과학인형극의 시작과 끝을 안내하고 해설을 맡는다.

강돌이	남자 주인공. 차분하고 똑똑하여 문제를 잘 해결한다.
강순이	여자 주인공. 강돌이의 친구이며 급한 성격이다.
강낭콩병정	강낭콩섬을 지키는 병정. 식물에 대한 지식이 해박하고 강돌이와 강순이의 탈출을 돕는다.
호두왕자	호두섬의 왕자. 강순이를 납치한다.

(3) 학습 목표와 관련된 '강낭콩섬 탈출기' 대본 내용

학습 목표와 관련된 '강낭콩섬 탈출기' 대본 내용은 〈표 17-4〉와 같다.

〈표 17-4〉 학습 목표와 관련된 대본 내용

차시	학습 목표와 관련된 대본 내용	
1/11	학습 목표	한살이를 관찰하기에 적합한 식물을 알아봅시다.
	대본 내용	강낭콩병정: 그렇다면 다른 식물에 비해 우리 강낭콩을 키우면 좋은 점이 뭐가 있지? 강순이: 음, 다른 식물에 비해 빨리 자랐어. 열매인 콩도 빨리 열렸지. 강낭콩병정: 그렇지. 우리 강낭콩은 한살이가 짧아 성장이 빠르지.
2/11	학습 목표	여러 가지 씨앗을 관찰하여 봅시다.
	대본 내용	강돌이: 이곳에는 강낭콩처럼 다른 씨앗은 없니? 강낭콩병정: 여기에는 여러 섬이 있는데 옥수수섬, 호두섬, 밤섬 등 여러 가지 씨앗 섬이 많이 있단다. 씨앗의 크기에 따라 섬의 크기도 다 다르지.
3/11	학습 목표	씨앗이 싹트는 데 필요한 조건을 확인하여 봅시다.
	대본 내용	강순이: 아, 그렇구나. 그렇다면 강낭콩이 싹을 틔우기 위해선 무엇이 필요하지? 강낭콩병정: 우리가 싹을 틔우기 위해선 적당한 물과 온도가 필요하지. 강순이: 어? 햇빛은 필요하지 않니? 강낭콩병정: 어. 햇빛이 없어도 싹을 틔울 수 있단다. 그 예로 우리 콩이 햇빛이 없이 싹이 자라면 너희가 좋아하는 콩나물이 된단다.
4/11	학습 목표	식물의 한살이를 관찰하기 위해 씨앗을 심어 봅시다.
	대본 내용	강낭콩병정: 우리 강낭콩이 싹이 트는 과정은 다음과 같단다. 먼저 딱딱한 강낭콩이 부풀게 되지. 그런 다음 뿌리가 나오고 2장의 떡잎 사이로 본잎이 나오게 된단다.

차시	구분	내용
5/11	학습 목표	식물의 한살이를 관찰하기 위해 씨앗을 심어 봅시다.
	대본 내용	강돌이: 아! 그렇구나. 그렇다면 씨앗 심는 방법도 가르쳐 줘. 강낭콩병정: 그건 내가 설명해 줄게. 씨앗을 심는 순서는 화분 조각이나 돌 등으로 화분 밑의 구멍을 막고 흙을 3/4정도 넣어. 그리고 씨앗 길이의 2~3배 정도 깊이로 씨앗을 심은 후 흙을 덮는 거야. 마지막으로 물을 충분히 주고 팻말을 꽂거나 이름표를 붙인 후 햇빛이 잘 드는 곳에 화분을 놓아두면 돼. 강낭콩도 이와 같이 심으면 된단다. 아, 그리고 매일 자세히 관찰하는 것도 잊으면 안 돼?
6/11	학습 목표	식물이 자라는 데 필요한 조건을 알아봅시다.
	대본 내용	강순이: 그렇다면 너희가 자라는 데 필요한 것은 뭐가 있지? 강낭콩병정: 음, 우리가 자라는 데는 물과 햇빛 그리고 양분 등이 필요하단다. 강낭콩병정: (사진을 가리키며) 이 사진은 물과 햇빛 양분을 잘 먹지 못해 병원에 있는 내 친구의 사진인데. 어때? 정말 안됐지. 강돌이: 그래 물과 햇빛, 양분을 많이 먹어 빨리 완쾌했으면 좋겠구나.
7/11	학습 목표	잎과 줄기가 자라는 모습을 알아봅시다.
	대본 내용	강순이: 그런데 너희의 몸(줄기)과 팔(잎)은 우리와 조금 다르구나. 강낭콩병정: 우리 몸(줄기)은 점점 자라는데 몸의 끝에서 새로운 팔(잎)이 나온단다. 또한 몸과 팔 사이에서는 또 다른 작은 몸(줄기)이 나오지. 강돌이: 우와. 너희는 몸과 팔이 많아서 좋겠구나.
8/11	학습 목표	꽃과 열매가 자라는 모습을 알아봅시다.
	대본 내용	강낭콩병정: 그렇다면 이번에는 우리의 아름다운 꽃과 맛있는 열매에 대해서 설명할게. 우리 몸에서는 아름다운 꽃이 핀단다. 그리고 이 꽃이 지면 그 자리에서 맛있는 열매가 맺히지.
9/11	학습 목표	식물의 한살이를 알아봅시다.
	대본 내용	강돌이: 우와. 점점 재미있어 지는데? 이젠 너희 강낭콩 일생에 대해 알고 싶어. 강낭콩병정: 좋아. 우리 강낭콩의 일생에 대해 설명해 주지. 먼저 씨앗을 땅에 심으면 싹이 트게 되지. 그 다음 떡잎 2장이 나오게 되고 본 잎이 나온단다. 그다음 꽃이 피게 되고 꽃이 지면 열매가 맺지. 지금 말한 모든 과정이 우리 강낭콩의 한살이가 되는 거지.
10/11	학습 목표	식물의 한살이를 비교하여 봅시다.
	대본 내용	호두왕자: 그래. 내가 낸 문제를 풀 수 있겠느냐? 강순이: 당근이죠. 강낭콩과 호두 일생의 차이점은 간단합니다. 강낭콩은 한살이 기간이 한 해이지만 호두의 한살이 기간은 여러 해입니다. 또한 분명한 차이점은 강낭콩은 풀이고 열매를 맺은 후 수명을 다하지만 호두는 나무이고 매해 꽃이 피고 열매가 맺는 과정이 반복됩니다.
11/11	과학인형극 공연	

3) 과학인형극 '강낭콩섬 탈출기' 대본 개발

과학인형극 '강낭콩섬 탈출기' 대본은 〈표 17-5〉와 같다.

〈표 17-5〉 과학인형극 '강낭콩섬 탈출기' 대본

과학인형극 대본		강낭콩섬 탈출기	○○초등학교 4학년 3반
등장인물		개골이, 강돌이, 강순이, 콩순이, 강낭콩병정 1, 2, 호두왕자	
인형 종류		막대 인형과 손 인형이 결합된 부직포로 제작한 막대 인형	
극 형식		창작동화에 과학적 내용 삽입형	
단원		3단원. 식물의 한살이(교과서 p.84-115, 실험관찰 p.34-48)	
투입 자료		인형극 무대, 막, 막대 인형 7개, 음악 19개, 효과음 7개, ppt 7개, 노트북, 빔 프로젝트	
차시		차시별 대본에 삽입한 과학적 내용	
과학적 요소	1	학습 목표: 한살이를 관찰하기에 적합한 식물을 알아봅시다. → 한살이를 관찰하기에 적합한 식물을 말할 수 있다.	
	2	학습 목표: 여러 가지 씨앗을 관찰하여 봅시다. → 여러 가지 씨앗의 모양, 색깔, 크기 등을 관찰하고, 그 특징을 말할 수 있다.	
	3	학습 목표: 씨앗에서 싹이 트는 조건을 알아봅시다. → 씨앗에서 싹이 트는 데 필요한 조건을 말할 수 있다.	
	4	학습 목표: 씨앗에서 싹이 트는 과정을 알아봅시다. → 씨앗에서 싹이 트는 과정에 대하여 말할 수 있다.	
	5	학습 목표: 식물의 한살이를 관찰하기 위해 씨앗을 심어봅시다. → 씨앗을 심는 데 필요한 준비물과 주의사항을 알 수 있다.	
	6	학습 목표: 식물이 자라는 데 필요한 조건을 알아봅시다. → 식물이 자라는 데 필요한 조건을 알기 위한 실험 계획을 세우고 이를 수행할 수 있다.	
	7	학습 목표: 잎과 줄기의 자람에 대하여 알아봅시다. → 식물이 자라면서 잎, 줄기의 모양과 크기가 변함을 말할 수 있다.	
	8	학습 목표: 꽃과 열매의 자람에 대하여 알아봅시다. → 식물이 자라면서 꽃, 열매의 모양과 크기가 변함을 말할 수 있다.	
	9	학습 목표: 식물의 한살이를 알아봅시다. → 식물의 한살이 과정을 여러 가지 방법으로 정리하여 발표할 수 있다.	
	10	학습 목표: 식물의 한살이를 비교하여 봅시다. → 한해살이 식물과 여러해살이 식물의 공통점과 차이점을 말할 수 있다.	

과학적 요소	11	되짚어 보기, 확인하기(과학인형극 공연)

장면	대사	자료	학습 목표
#1 해설 및 인사	*〈조명 켜지면서〉* *(음악1. 솜사탕)*(음악에 맞추어 개골이 등장) 개골이(해설): 안녕하세요! 어린이 여러분! 전 이번 공연에 사회를 맡은 개골이입니다. 지금까지 여러분이 배웠던 '식물의 한살이'에 대해서 잘 이해하셨나요? 지금부터 '식물의 한살이'란 주제로 '강낭콩섬 탈출기'라는 재미있는 과학인형극을 보도록 하겠어요. 자! 준비 되셨나요. 그렇다면 힘찬 박수와 함께 출발~~*(효과음1. 박수 소리)* *〈조명 꺼지면서〉(음악2. 잔디밭에는)*	음악1 효과음1 음악2	
#2 강낭콩 섬의 여행	*〈조명 켜지면서〉* *(효과음2. 태풍 소리)*(바다 위 태풍소리가 들림 조명이 다시 서서히 밝아지면서 태풍에 난파되어 외딴섬으로 떠내려 온 주인공들이 넘어져 있음) 강돌이: (잠에서 깨어나며) 으~ 여기가 어디지? *(음악3. 운명)* (쓰러져 있는 강순이와 콩순이를 흔들며)강순아! 콩순아! 정신 차려! (강순이와 콩순이가 깨어나며) 강순이: 어~ 여긴 대체 어디지? 강돌이: 무인도 같은데……. 일단 숲으로 가서 먹을 거라도 찾아보자. (강돌이와 강순이, 콩순이가 먹을 것을 찾아다닌다. 그때 하늘에서 큰 강낭콩 꼬투리가 떨어진다.)*(효과음3 .떨어지는 소리)* 강돌이 ,강순이, 콩순이: 으악! 사람 살려! 강돌이: (강돌이, 강순이, 콩순이가 강낭콩 꼬투리를 피하며) 휴우~ 강낭콩에 맞아 기절할 뻔 했어. (이때 강낭콩병정1, 2가 나온다.)*(음악4. 행진곡)* 강낭콩병정1,2: (꼬투리를 빠져나오며) 으~ 영차! 강돌이, 강순이, 콩순이: 으아아악! 강낭콩 귀신이다.*(효과음4. 귀신소리)* 강낭콩병정1: 무슨 소리! 우린 강낭콩 귀신이 아니라 강낭콩섬을 지키는 병정이야. 강돌이: *(음악5. 쏘리쏘리쏘리)*(멋쩍은 듯이 머리를 비비며) 미안! 미안! 하늘에서 떨어지기에 우린 귀신인 줄 알았지. 난 강돌이고 이쪽은 강순이와 콩순이야. 강낭콩병정2: 너희가 폭풍 때문에 표류해서 강낭콩섬에 들어왔다는 것은 나도 알아. 콩순이: 그건 어떻게 알았니? 강낭콩병정1: 하하하. 사실 우리는 너희가 이 섬에서 안전하게 나갈 수 있도록 도와주러 왔단다. 강돌이: 정말? 땡큐, 땡큐, 땡큐 베리 머치! 강낭콩병정2: 잠깐! 아직 좋아하기는 일러. 이곳은 강낭콩섬이기 때문에 강낭콩에 대해 모든 것을 알고 있어야 너희를 도와줄 수	효과음2 음악3 효과음3 음악4 효과음4 음악5	

장면	대사	효과	활동 목표
#2 강낭콩 섬의 여행	가 있어.		
	강순이: (믿지 못하겠다는 듯 콧방귀를 뀌며)흥. 어림 반 푼어치도 없는 소리!		
	강돌이: 진정해, 강순아! 일단 이 섬을 빠져나가는 게 급선무야.		
	강낭콩병정1: 먼저, 너희 강낭콩을 키워본 적 있니?		
	콩순이: 응. 나는 어렸을 때 시골에서 자랐거든 우리 집 마당 앞에 할머니가 강낭콩을 기르신 걸 보았어.		
	강낭콩병정2: 그렇다면 다른 식물에 비해 우리 강낭콩을 키우면 좋은 점이 뭐가 있지?		
	콩순이: 응. 다른 식물에 비해 빨리 자랐어. 열매인 콩도 빨리 열렸지.		
	강낭콩병정1: 그렇지. 우리 강낭콩은 한살이가 짧아 성장이 빠르지.		
	강순이: 한살이? 뭐야 그렇다면 너희들 나이는 한살이란 말 아니야? 이 조그만 것들이…….		
	강낭콩병정2: (화를 내며)뭐라고……? *(효과음5. 번개 소리)* 우리는 먹는 강낭콩이 아니라 강낭콩섬을 지키는 씩씩한 병정이야. 나이는 너희보다 많다고.	효과음5	한살이를 관찰하기에 적합한 식물을 알아봅시다.
	강돌이: 랏다. 랏다. 아랏다.(곤잘레스 버전으로) 미안, 미안. 그건 그렇고 이곳에는 강낭콩처럼 다른 씨앗은 없니?		
	강낭콩병정1: 아니야. 여기에는 여러 섬이 있는데 옥수수섬, 호두섬, 밤섬 등 여러 가지 씨앗 섬이 많이 있단다. 씨앗의 크기에 따라 섬의 크기도 다 다르지.		
	콩순이: 아. 그렇구나. 그렇다면 강낭콩이 싹을 틔우기 위해선 어떻게 해야지?		
	강낭콩병정2: 우리가 싹을 틔우기 위해선 적당한 물과 온도가 필요하지. *(PPT 자료1)*	ppt1	여러 가지 씨앗을 관찰하여 봅시다.
	강순이: 어? 햇빛은 필요하지 않니?		
	강낭콩병정1: 어. 싹은 햇빛이 필요하지 않아. 햇빛이 없어도 싹을 틔울 수 있단다. 그 예로 우리 콩이 햇빛이 없이 싹이 자라면 너희가 좋아하는 콩나물이 된단다.		
	강낭콩병정2: 우리 강낭콩이 싹이 트는 과정은 다음과 같단다. *(PPT 자료2)* 먼저 딱딱한 강낭콩이 부풀게 되지. 그런 다음 뿌리가 나오고 2장의 떡잎 사이로 본 잎이 나오게 된단다.	ppt2	
	강돌이: 아! 그렇구나. 그렇다면 씨앗 심는 방법도 가르쳐 줘.		
	강낭콩병정 1: 그건 내가 설명해 줄게. *(PPT 자료3)* 씨앗을 심는 순서는 화분 조각이나 돌 등으로 화분 밑의 구멍을 막고 흙을 3/4 정도 넣어. 그리고 씨앗 길이의 2~3배 정도 깊이로 씨앗을 심은 후 흙을 덮는 거야. 마지막으로 물을 충분히 주고 팻말을 꽂거나 이름표를 붙인 후 햇빛이 잘 드는 곳에 화분을 놓아두면 돼. 강낭콩도 이와 같이 심으면 된단다. 아. 그리고 매일 자세히 관찰하는 것도 잊으면 안 돼?	ppt3	씨앗에서 싹이 트는 조건을 알아봅시다.
	콩순이: 그렇다면 너희가 자라는 데 필요한 것은 뭐가 있지?		
	강낭콩병정 2: 응. 우리가 자라는 데는 물과 햇빛 그리고 양분 등이 필요하단다.		씨앗에서 싹이 트는 과정을 알아봅시다.
	강낭콩병정 1: *(PPT 자료4)* (사진을 가리키며) 이 사진은 물과 햇빛 양분을 잘 먹지 못해 병원에 있는 내 친구의 사진인데. 어때? 정	ppt4	

#2 강낭콩 섬의 여행	말 안됐지. 강돌이: 그래 물과 햇빛, 양분을 많이 먹어 빨리 완쾌했으면 좋겠구나. 강순이: 그런데 너희의 몸(줄기)과 팔(잎)은 우리와 조금 다르네. 강낭콩병정 2: *(PPT 자료5)* 우리 몸(줄기)은 점점 자라면서 몸의 끝에서 새로운 팔(잎)이 나온단다. 또한 몸과 팔 사이에서는 또 다른 작은 몸(줄기)이 나오지. 강돌이: 우와. 너희는 몸과 팔이 많아서 좋겠구나. 강낭콩병정 1: 그렇다면 이번에는 우리의 아름다운 꽃과 맛있는 열매에 대해서 설명할게. 강낭콩병정 2: *(PPT 자료6)* 우리 몸에서는 아름다운 꽃이 핀단다. 그리고 이 꽃이 지면 그 자리에서 맛있는 열매가 맺히지. 강순이: 우와. 점점 재미있어 지는데. 이젠 너희 강낭콩 일생에 대해 알고 싶어. 강낭콩병정 1: 좋아. 우리 강낭콩의 일생에 대해 설명해 주지. *(PPT 자료7)* 먼저 씨앗을 땅에 심으면 싹이 트게 되지. 그 다음 떡잎 2장이 나오게 되고 본 잎이 나온단다. 그 다음 꽃이 피게 되고 꽃이 지면 열매가 맺지. 지금 말한 모든 과정이 우리 강낭콩의 한살이가 되는 거지. 강돌이: 어? 그런데 콩순이가 안보이네? 콩순이는 어디 갔지? 콩순아! 콩순아! 강낭콩병정 2: *(음악6. 엑스파일)* 이런……. 아무래도 이웃에 있는 호두섬에 있는 병사에게 납치된 것 같은데……. 강순이: 이를 어쩌지? (조명이 꺼지며)*(음악7. 눈물)* *〈조명 꺼짐〉*	ppt5 ppt6 ppt7 음악6 음악7	식물의 한살이를 관찰하기 위해 씨앗을 심어봅시다. 식물이 자라는 데 필요한 조건을 알아봅시다. 잎과 줄기의 자람에 대하여 알아봅시다. 꽃과 열매의 자람에 대하여 알아봅시다. 식물의 한살이를 알아봅시다.
#3 옥수수 섬의 탈출	*〈조명 켜지면서〉* (조명이 켜지며 호두섬 감옥에 갇혀 있는 콩순이)*(음악8. 사라방느)* 콩순이: 살려주세요! 살려주세요! 여기는 어디지? 호두왕자: 으하하하. 나는 호두 나라의 왕자다. 너는 장차 나의 왕비가 되어 호두섬에서 나랑 행복하게 살게 될 것이다. 콩순이: 뭐라고……? 싫어. 싫어. 난 호두 알레르기가 있단 말이야. 난 절대 너랑 결혼할 수 없어. 난 강낭콩을 좋아한다고. 호두왕자: 뭐라고? 그렇다면 내가 낸 문제를 맞히면 풀어 주도록 하겠다. 으하하하. 자, 잘 들어라. 강낭콩과 우리 호두의 일생에 대해 비교해 보아라. 시간을 하루 주도록 하겠다. 만일 맞추지 못한다면 너는 평생 감옥에서 살게 될 것이다. 으하하하. (조명이 어두워지며 저녁이 된다.)*(음악9. 야상곡)(효과음6. 귀뚜라미 소리)* 강돌이: (감옥에 갇힌 콩순이를 부르며) 콩순아. 콩순아. 콩순이: 강돌아! 나 좀 구해줘. 호두왕자가 낸 문제를 못 맞히면 난 이 섬에서 빠져 나갈 수 없어.	음악8 음악9 효과음6	

#3 옥수수 섬의 탈출	강낭콩병정 1: 그래. 우리가 구해 줄게. 호두왕자가 낸 문제를 난 알고 있어. (강낭콩병정 1이 콩순이의 귀에 소곤거린다.)*(음악10. 007)* (다음날 아침 감옥 앞으로 웅장한 행진곡과 함께 호두왕자가 등장한다.)*(음악11. 행진곡)* 호두왕자: 그래. 내가 낸 문제를 풀 수 있겠느냐. 콩순이: 당근이죠. *(PPT 자료8)* <u>강낭콩과 호두 일생의 차이점은 간단합니다. 강낭콩은 한살이 기간이 한 해이지만 호두의 한살이 기간은 여러 해입니다. 또한 분명한 차이점은 강낭콩은 풀이고 열매를 맺은 후 수명을 다하지만 호두는 나무이고 매해 꽃이 피고 열매가 맺는 과정이 반복된답니다.</u> 호두왕자: 아니……. 이럴 수가. 그걸 어떻게 알았지. 그래, 알았다. 약속대로 풀어주도록 하겠다. 콩순이: 야호. 이젠 살았다. 빨리 돌아가서 강돌이와 강순이를 만날 수 있겠다. 야호! *〈조명 꺼짐〉*	음악10 음악11 ppt8	식물의 한살이를 비교하여 봅시다
#4 이별과 마무리	*〈조명 켜지면서〉* (강낭콩섬의 항구. 강돌이와 강순이, 콩순이가 강낭콩병정과 헤어질 준비를 하고 있다.) 강돌이: 강낭콩병정아, 우리가 집에 돌아갈 수 있게 도와줘서 고마워. 강낭콩병정 1: 별 말씀을 너희가 우리 강낭콩에 대해 잘 공부해 주었기 때문이지. 강순이: 우리는 이 재미있는 추억을 영원히 잊지 못할 거야. 강낭콩병정 2: 그래, 앞으로는 우리 강낭콩을 많이 사랑해 주고 많이 먹어서 더욱 건강해졌으면 좋겠다. 콩순이: 그래. 이제 앞으로 강낭콩에 대해 관심도 많이 갖고 더욱 사랑해 줄게. 강돌이: 강낭콩병정아, 안녕! (헤어지는 음악이 흐르며 서로 헤어진다.)*(음악12. Morning has broken)* (조명이 밝아지며 다시 개골이가 등장한다.) 개골이: 어린이 여러분 '강낭콩섬 탈출기' 잘 보셨나요? 그래요. 이미 과학 시간에 배웠지만 인형극을 통해 다시 한 번 복습해 보니 더욱 이해하기 쉬웠던 거 같아요. <u>어린이 여러분도 한 대단원이 끝나면 이번 공연처럼 재미있게 인형극을 만들어 보면 어떨까요?</u> 그럼 다음 기회에 다시 만나요. 안녕!	음악12	되짚어 보기, 확인 하기
#4 이별과 마무리	*(음악13. 풀꽃 이야기)* *〈조명 꺼짐〉*	음악13	

※ <u>밑줄 친 부분</u>: 과학 실험 관련 내용

4. 과학과 교수-학습을 위한 과학인형극 프로그램 개발

과학과 4학년 1학기 3단원 '식물의 한살이' 교재 분석과 과학인형극회 '꼭두샘'의 과학인형극 '금도끼 은도끼'를 분석하여 개발한 과학인형극 '강낭콩섬 탈출기' 대본을 토대로 연구 대상인 K초등학교 4학년 학생의 능력과 흥미, 설문 조사 결과 등을 고려하여 과학과 교수-학습 적용을 위한 실험용 과학인형극 프로그램을 다음과 같이 개발하였다.

1) 프로그램 개발 원칙과 구성 방향

본 프로그램의 개발 원칙 및 구성 방향은 다음과 같다.

첫째, 프로그램 개발을 학생 수준에 맞게 비교적 쉬운 수준으로 한다. 구체적 조작기에 있는 4학년 학생의 발달 수준에 맞추어 학생이 직접 계획할 수 있고 조작할 수 있는 수준의 프로그램을 개발한다.

둘째, 3단원 '식물의 한살이'의 학습 목표가 잘 반영되도록 프로그램을 개발한다. 학습 목표 구현을 위해 과학적 지식을 반드시 포함시킨다. 학생이 과학인형극을 하는 이유는 수업 시간에 배운 내용을 인형극을 통해 심화 보충하는 것이다. 교육과정에 제시된 과학 내용을 인형극을 통해 다시 한 번 확인할 수 있는 심화, 보충 개념의 프로그램을 개발한다.

셋째, 자기 주도적인 학습 기회를 제공한다. 교사는 과학인형극의 일련의 과정을 안내해 주고 자료를 제공해 주며 과정별 필수 학습 내용을 지도해 주지만, 과학인형극 진행 과정 속에서는 학생이 스스로 만들어 갈 수 있도록 한다.

넷째, 인형극을 통해 문화예술을 직접 체험할 수 있는 기회를 제공한다. 인형극의 대본 작성, 무대 제작, 음향, 효과, 연기 등 종합예술이다. 과학과 예술이 융합된 프로그램을 개발하여 학생이 문화예술을 직접 체험할 수 있는 기회를 제공한다.

다섯째, 모둠별 과학인형극 공연을 통해 공동체 의식이 함양되도록 한다.

2) 실험용 프로그램의 단계별 목표

과학인형극의 궁극적 목표는 과학 수업 시간에 배운 대단원을 과학인형극을 통해 정리하여 대단원의 이해를 높이고 학생의 창의성 신장과 교실에서의 수업을 재미있게 즐길 수 있는 문화를 만들어 가는 데 있다. 이 목표를 도달하기 위해 총 5개의 단계별 목표를 두었다. 각 단계는 1차시 분량이며 본 프로그램은 총 5차시로 운영되도록 개발하였다. 실험용 프로그램의 단계별 목표와 활동별 세부 목표는 〈표 17-6〉, 〈표 17-7〉과 같다.

〈표 17-6〉 과학인형극 프로그램의 단계별 목표(실험용)

단계	단계별 목표
1차시 대본 연습	• 과학인형극에 대해 알아본다. • 인형극 주제, 스토리, 등장인물 등을 확인한다. • 자기가 맡은 등장인물을 정한다. • 등장인물의 캐릭터에 맞게 대본을 연습한다.
2차시 인형 제작	• 제작할 인형을 구상해 본다. • 부직포와 막대를 이용하여 인형을 제작한다.
3차시 소품 제작	• 검은 막을 이용하여 무대를 제작한다. • 과학인형극 공연에 필요한 소품을 제작한다.
4차시 인형극 연습	• 대사에 맞는 인형 조작을 연습한다. • 모둠원과 함께 인형극 연습을 한다.
5차시 인형극 공연	• 연습한 내용을 토대로 친구들 앞에서 인형극 공연을 한다. • 차분하고 진지한 태도로 친구의 공연을 관람한다. • 과학인형극을 하고 난 자기의 생각을 정리한다.

효율적인 프로그램 개발을 위해 총 5단계로 구성하였고, 단계별 목표를 제시하였다. 대본 연습 단계를 통해 과학인형극에 대해 알아보고 제작된 대본을 캐릭터에 맞게 연습해 보며 인형 제작 단계에서는 제작할 인형을 구상해 보고 직접 제작해 본다. 소품 제작 단계에서는 공연 때 사용할 소품이나 무대, 조명, 음향에 대해 알아보고 인형극 연습 단계에서는 실제 공연처럼 모둠과 연습을 한 뒤, 마지막 인형극 공연 단계에서 학생 모두가 공연자와 관객이 되어 인형극 공연을 하게 된다.

다음은 실험용 과학인형극 프로그램의 활동별 목표를 제시했다.

〈표 17-7〉 과학인형극 프로그램의 활동별 목표(실험용)

단계	소주제명	활동별 목표
1차시 대본 연습	과학인형극 이해하기	활동1: 과학인형극에 대해 알아본다.
	단원 분석하기	활동2: 단원에 맞게 주제, 스토리, 등장인물을 분석한다.
	배역 정하기	활동3: 대본을 확인한 뒤 자기가 맡을 배역을 정한다.
	대본 연습하기	활동4: 등장인물의 캐릭터에 맞게 대본을 연습한다.
2차시 인형 제작	인형 구상하기	활동5: 제작할 인형을 스케치를 통해 구상한다.
	인형 제작하기	활동6: 부직포와 막대를 이용하여 제작한다.
3차시 소품 제작	무대 제작하기	활동7: 검은색 천을 이용하여 무대 제작하기
	소품 제작하기	활동8: 공연에 필요한 소품을 제작한다.
	조명, 음악 선택하기	활동9: 공연에 필요한 조명, 음악을 선택한다.
4차시 인형극 연습	인형 조작 연습하기	활동10: 대본에 맞게 인형 조작을 연습한다.
	모둠별 연습하기	활동11: 모둠별로 인형극 연습을 한다.
5차시 인형극 공연	공연하기	활동12: 연습한 내용을 토대로 친구 앞에서 과학인형극을 공연한다.
	인형극 공연	활동13: 차분하고 진지하게 다른 모둠의 공연 관람하기
	느낌 발표하기	활동14: 과학인형극을 공연하고 관람한 느낌을 글로 적어보고 발표하기

3) 실험용 교육 내용 선정

이 프로그램의 내용은 과학인형극을 처음 접하는 학생을 위하여 인형극에 홍미를 느끼고 쉽게 접근하여 만들 수 있도록 선정하였다. 또한 학생이 직접 해결하기 어렵거나 시간이 너무 많이 걸리는 내용은 교사가 직접 제공하거나 집에서 부모님과 함께 제작하도록 하였다. 교육 내용은 다음 〈표 17-8〉과 같다.

〈표 17-8〉 교육 내용 선정(실험용)

단계	소주제명	활동별 목표
1차시 대본 연습	과학인형극 이해하기	활동1: 과학인형극 '금도끼, 은도끼' 영상 시청하기
	단원 분석하기	활동2: '식물의 한살이' 단원 분석하기
	배역 정하기	활동3: '강낭콩섬 탈출기' 자기 배역 정하기
	대본 연습하기	활동4: '강낭콩섬 탈출기' 연습하기
2차시 인형 제작	인형 구상하기	활동5: 학습지에 인형 구상하기
	인형 제작하기	활동6: 인형 제작하기(시간이 부족할 경우 집에서 부모님과 함께 만들어 오기)
3차시 소품 제작	무대 제작하기	활동7: 무대 제작하기(학급 활동)
	소품 제작하기	활동8: 소품 제작하기(학급 활동)
	조명, 음악 선택하기	활동9: 조명, 음악 선택하기(교사의 도움으로 학급 활동)
4차시 인형극 연습	인형 조작 연습하기	활동10: 인형 조작 연습하기(모둠 활동)
	모둠별 연습하기	활동11: 인형극 연습하기(모둠 활동)
5차시 인형극 공연	공연하기	활동12: 공연하기(모둠 활동)
	관람하기	활동13: 관람하기
	느낌 발표하기	활동14: 학습지에 느낌 적고 발표하기

5. 과학인형극 프로그램 적용 및 분석

1) 적용 대상

광주광역시 K초등학교 4학년 30명을 대상으로 하였다.

2) 적용 기간

2009년 7월 1일~2009년 7월 31일(31일)

3) 프로그램 적용 운영 계획

과학인형극 프로그램을 적용하는 데 총 5차시가 소요되었다. 내용은 다음과 같다.

(1) 과학인형극 프로그램 운영 계획

〈표 17-9〉 과학인형극 프로그램 운영 계획

차시	구분	일자	주제
1차시	창의적 재량활동	7월 6일, 2교시	대본 연습
2차시	창의적 재량활동	7월 8일, 5교시	인형 제작
3차시	창의적 재량활동	7월 13일, 2교시	소품 제작
4차시	창의적 재량활동	7월 15일, 5교시	인형극 연습
5차시	과학 수업 시간	7월 16일, 2교시	인형극 공연

(2) 활동별 프로그램 적용 결과

1차시의 대본 연습 결과는 〈표 17-10〉과 같고 활동 내용은 [그림 17-1], [그림 17-2]와 같다.

〈표 17-10〉 1차시의 대본 연습 적용 결과

주요 내용	학생의 반응	소요 시간(분)	비고
대본 살펴보기	• 평소 교과서와는 달리 대본 형식의 글을 읽어 보면서 흥미와 재미를 느낌	5	
단원 분석하기	• 교과서를 보며 3단원 '식물의 한살이'에서 공부할 문제를 확인함 • 친구와 꼭 들어가야 할 과학적 내용을 수집하고 선별함	5	
대본 살펴보기	• 평소 교과서와는 달리 대본 형식의 글을 읽어 보면서 흥미와 재미를 느낌	5	
줄거리 알아보기	• 주인공인 강돌이, 강순이, 콩순이가 강낭콩섬을 빠져나오기 위해 '식물의 한살이' 과정을 알아보는 과정을 확인함 • 주인공이 어려움에 처하고 해결하는 과정을 재미있어 함	5	
배역 정하기	• 대부분 대사가 많이 나오는 주인공을 선택하길 원함 • 어떤 모둠에서는 원하는 배역을 선택하기 위해 친구들과 다투기도 함	5	수정
대본 연습하기	• 처음에는 교과서 읽듯이 감정을 실려 읽지 못함 • 배역의 캐릭터를 생각해 보고 나와 동일화하기 지도를 통해 실력이 많이 향상됨	15	

[그림 17-1] 배역 정하기

[그림 17-2] 대본 연습

2차시의 인형 제작 결과는 〈표 17-11〉과 같고 활동 내용은 [그림 17-3], [그림 17-4]와 같다.

〈표 17-11〉 2차시의 인형 제작 적용 결과

주요 내용	학생의 반응	소요 시간(분)	비고
스케치 하기	• 등장인물의 캐릭터에 맞게 스케치 함	5	
박음쇠질 하기	• 부직포를 도안하고 잘라 낸 뒤 모양에 태두리 모양을 스테이플러를 이용해 박음쇠질함 • 힘이 부족하거나 집중력이 떨어지는 학생은 박음쇠질을 어려워 함	20	수정
티슈 넣기	• 박음쇠질된 부직포에 티슈를 넣음	3	
얼굴 만들기	• 부직포를 잘라 얼굴 모양에 맞게 붙임 • 본드 사용이 미숙한 학생은 어려워 함	20	수정
몸통 만들기	• 몸통을 제작하여 얼굴과 연결함	15	수정
팔, 다리 만들기	• 팔다리를 만들어 박음쇠로 붙임	15	수정
막대 끼우기	• 만들어진 인형에 막대를 몸통, 얼굴을 이어서 끼움 • 힘이 약한 학생은 어려워함	10	수정

[그림 17-3] 인형 스케치

[그림 17-4] 완성된 인형

3차시의 소품 제작하기 결과는 〈표 17-12〉와 같고 활동 내용은 [그림 17-5], [그림 17-6], [그림 17-7], [그림 17-8]과 같다.

〈표 17-12〉 3차시의 소품 제작하기 적용 결과

주요 내용	학생의 반응	소요 시간(분)	비고
무대 제작하기	• 검정색 현수막 천을 이용해 제작함 • 가로 350m, 세로 110m로 재단함 • 현수막을 학생이 양쪽에서 잡아서 사용하기 때문에 공연 중 흔들림이 있음	10	수정
음향 알아보기	• 교사가 미리 준비한 음악을 재생하는 데 타이밍이 맞지 않아 공연이 자주 끊김	5	수정
조명 알아보기	• 대본에 따라 막이 끝날 때마다 교실 형광등 스위치를 이용하여 껐다 켬	5	
소품 제작하기	• 부직포와 도화지를 이용하여 필요한 소품을 제작함 • 공연 무대가 섬이라는 공간이기 때문에 섬 분위기가 날 수 있도록 제작함 • 소품을 제작하는 데 시간이 많이 소요되고, 어려워 하는 경우도 있음	40	수정

[그림 17-5] 무대 모습

[그림 17-6] 음향 재생 방법

[그림 17-7] 조명 스위치 조정

[그림 17-8] 소품 제작

4차시의 과학인형극 연습하기 결과는 〈표 17-13〉과 같고 활동 내용은 [그림 17-9], [그림 17-10]과 같다.

〈표 17-13〉 4차시의 과학인형극 연습하기 적용 결과

주요 내용	학생의 반응	소요 시간(분)	비고
인형 잡는 방법 알아보기	• 자신이 만든 인형의 막대 부분을 왼손이나 오른손을 이용하여 잡음 • 앉은 자세에서 인형을 잡음 • 인형을 조정하는 사람은 아래에서 인형을 보며 조작함 • 처음에는 어려워하였으나 하면 할수록 흥미를 느끼고 열심히 함	5	
기본 동작 익히기	• 말하는 쪽은 인형을 움직이고 말하지 않는 쪽은 인형을 멈추고 있음 • 인형의 동작을 작게 하여 의미 전달이 부족한 학생도 있음 • 걷는 장면을 연기할 때는 인형을 위, 아래로 얼굴은 정면, 옆면을 향하면서 조작함	5	
인형극 연습하기	• 대사에 맞는 움직임으로 인형을 조작함 • 개인별로 연습을 한 다음 모둠별로 연습을 함 • 처음에는 어색하여 동작이 작고 어설펐으나 연습 후 조작 능력이 향상됨	20	

[그림 17-9] 기본 동작 익히기

[그림 17-10] 인형극 연습하기

5차시의 과학인형극 공연하기 결과는 〈표 17-14〉와 같고 활동 내용은 [그림 17-11], [그림 17-12]와 같다.

〈표 17-14〉 5차시의 과학인형극 공연하기 적용 결과

주요 내용	학생의 반응	소요 시간(분)	비고
과학인형극 공연 준비하기	• 각자 자기의 인형으로 맡은 역할을 준비함 • 음향, 조명, 소품, 무대를 준비함 • 가능한 큰 목소리로, 큰 움직임으로 공연하는 것을 염두에 둠	5	
과학인형극 공연하기	• 모둠별로 돌아가며 공연을 함 • 총 다섯 모둠이 공연을 함 • 한 모둠이 공연을 하면 나머지 네 모둠은 관객이 되어 관람을 함 • 자기 역할을 맡은 다른 모둠의 등장인물을 집중해서 관찰함 • 공연 중 틀린 부분이 있으면 박수를 쳐 격려함	30	
설문지 작성	• 공연이 끝난 후, 설문지를 작성함	5	
정리하기	• 공연이 끝난 후 무대 및 인형, 소품을 정리함 • 내가 느낀 점을 이야기해 보고 다른 친구와 이야기를 나눔	10	수정

[그림 17-11] 과학인형극 공연하기

[그림 17-12] 공연을 마치고

4) 과학인형극 프로그램 교수-학습 과정안

전문가 검토를 반영하여 과학인형극 프로그램 교수-학습 과정안을 〈표 17-15〉와 같이 설계하였다.

〈표 17-15〉 과학인형극 프로그램 교수-학습 과정안

<table>
<tr><th>제재</th><td>1. 대본 연습</td><th>차시</th><th>대상</th><th>장소</th><th>시간</th></tr>
<tr><th>학습 주제</th><td>대본 연습하기</td><td>1/3</td><td>4학년 3반</td><td>교실</td><td>40분</td></tr>
<tr><th>학습 목표</th><td colspan="5">• 과학인형극에 대하여 이해할 수 있다.
• 과학인형극 대본을 연습할 수 있다.</td></tr>
<tr><th>예습적 과제</th><td colspan="5">인형극에 대해 알아 오고 과학인형극 대본 읽어 오기</td></tr>
<tr><th>준비물</th><td colspan="5">과학인형극 '금도끼, 은도끼' '강낭콩섬 탈출기' 대본</td></tr>
</table>

<table>
<tr><th>과정(분)</th><th>학습 요소</th><th>교수-학습활동</th><th>자료 및 유의점
(□ 자료, ○ 유의점)</th></tr>
<tr><td>도입(5)</td><td>동기
유발하기

공부할 문제
확인하기</td><td>• 과학인형극을 보고 느낌 말하기
- 과학인형극 '금도끼, 은도끼'를 보고 느낌 말하기
• 과학인형극에 대해 알아 보기
- 과학인형극에 대해 발표해 보기
- 과학인형극에 대해 이해하기
• 공부할 문제 알아보기
예) 과학인형극 대본을 연습해 봅시다.</td><td>□ 과학인형극 '금도끼 은도끼' 동영상
○ 학생의 입장에서 과학인형극을 설명해 보도록 한다.</td></tr>
<tr><td>전개(30)</td><td>대본
살펴보기</td><td>• 과학인형극 '강낭콩섬 탈출기' 대본 읽어 보기
- 대본 눈으로 읽어 보기
- 대본을 소리 내어 읽어 보기</td><td>□ '강낭콩섬 탈출기' 대본</td></tr>
<tr><td>전개(30)</td><td>줄거리
알아보기

배역 정하기

대본
연습하기</td><td>• '강낭콩섬 탈출기' 줄거리 알아보기
- '강낭콩섬 탈출기' 줄거리 발표해 보기
• '강낭콩섬 탈출기' 등장인물 알아보기
- '강낭콩섬 탈출기'에 나오는 등장인물 발표하기
▷ 등장인물: 개골이, 강돌이, 강순이, 콩순이, 강낭콩병정 1·2, 호두왕자
• 모둠별 역할 정하기
- 모둠별로 '강낭콩섬 탈출기'에 등장하는 인물 중에 자신의 배역 정하기
• 대본 연습하기
- 배역의 성격을 생각하며 대본 연습하기
- 분위기와 상황에 맞는 목소리로 연습하기</td><td>○ 배운 내용을 생각하며 줄거리를 알아보게 한다.

○ 등장인물의 성격을 생각해 보게 한다.

○ 역할을 정할 때 민주적인 방법으로 하도록 안내한다.

○ 내가 직접 배역을 맡아 연습하도록 한다.</td></tr>
<tr><td>정리(5)</td><td>정리하기</td><td>• 오늘 배운 내용 알아보기
- 대본 연습하는 방법 발표하기
• 차시 예고
- 인형 조작하는 방법 알아오기</td><td></td></tr>
</table>

제재	2. 과학인형극 연습하기	차시	대상	장소	시간
학습 주제	인형 조작하며 연습하기	2/3	4학년 3반	교실	40분
학습 목표	• 기본적인 인형의 조작법을 알 수 있다. • 과학인형극 공연을 위한 연습을 할 수 있다.				
예습적 과제	인형 준비하기, 대본을 인물의 성격과 상황에 맞게 읽어 오기				
준비물	인형, 대본, 무대, 소품, 음악, 컴퓨터				

과정(분)	학습 요소	교수-학습활동	자료 및 유의점 (□ 자료, ○ 유의점)
도입(5)	동기 유발하기 공부할 문제 확인하기	• 인형을 이용한 인사 및 동기유발하기 - 인형 소개와 인사하기 • 동영상을 통한 인형극 살펴보기 - http://www.janggo.co.kr - 나오는 인물, 장면의 내용, 본 동작 이야기하기 • 공부할 문제 알아보기 예) 인형의 조작 방법을 알아보고 과학인형극을 연습해 봅시다.	□ 인형, 무대, 인형극 동영상(꼬마대장) ○ 학생과 교사가 함께 알아본다.
전개(30)	인형 잡는 방법 알아보기 기본 동작 익히기 인형극 연습하기	• 인형 잡는 법 알아보기 - 왼손이나 오른손을 이용하여 막대 잡기 • 자세와 기타 유의사항 알아보기 - 앉은 자세(쪼그려 앉기) - 조종자의 머리(얼굴) 및 어깨의 위치 - 인형의 시선(얼굴): 관객 향하기 ▷ 서로 마주보는 대사에서도 정면과 45도 각도 유지 - 말하는 쪽은 움직이고 듣는 쪽은 움직이지 않기 • 인형의 기본적인 동작 익히기 - 걷기: 몸을 흔들며 걷기 - 손 인사: 동작을 크고 과장되게 - 쓰러지기: 동작을 크고 과장되게, 대사를 생동감 있게 - 달려가기: 한 번 물러났다 달리기 등 • 상황에 맞는 동작 익히기 • 대본에 있는 상황을 간추려 연습하기 • 인형의 조작법 연습하기(개인→모둠별)	□ 인형, 무대, 소품, 음악, 컴퓨터 ○ 학생 1명을 선정하여 학생 앞에서 교사의 도움을 받아 시범을 보이게 한다. ○ 동작을 크고 과장되게, 재미있게 표현하도록 한다. ○ 교사가2~3개의 상황을 제시한다. ○ 아동 스스로 찾아서 연습하도록 한다.

정리(5)	정리하기	• 수업을 통하여 알게 된 점이나 느낌 말하기 - 형 잡는 법과 자세, 어려웠던 점, 재미있었던 점 등 • 차시 예고 - 대본 외워 오고 인형극 연습해 오기	

제재	3. 과학인형극 공연하기	차시	대상	장소	시간
학습 주제	과학인형극 공연하기	3/3	4학년 3반	교실	40분
학습 목표	• 대본에 알맞게 과학인형극 공연을 할 수 있다.				
예습적 과제	• 대본 외워 오고 인형극 연습해 오기				
준비물	• 인형, 대본, 무대, 소품, 음악, 컴퓨터				

과정(분)	학습 요소	교수-학습활동	자료 및 유의점 (□자료, ○유의점)
도입(5)	동기 유발하기 공부할 문제 확인하기	• 선수 학습 상기하기 - 이제까지 해 온 작업 과정을 이야기하기 - 가장 재미있었던 점과 힘들었던 점 이야기하기	○ 이제까지 준비해 왔던 전 과정을 돌아보며 이 시간 인형극 공연의 중요성을 인식하게 한다.
	공부할 문제 확인하기	• 공부할 문제 알아보기 예) 대본에 알맞게 과학인형극을 공연해 봅시다.	
전개(30)	과학인형극 공연 준비하기	• 인형극 공연 준비하기 - 무대 준비하기(무대, 음향, 조명 등) - 소집단별로 최종 연습하며 마지막 점검하기 - 공연 시 유의할 점 알아보기 〈공연자가 유의할 점〉 ▷ 인물에 어울리는 자신 있는 목소리로 대사하기 ▷ 대사가 틀려도 바로 이어 끝까지 최선을 다하기 ▷ 인물의 성격이 잘 나타나도록 인형을 조작하기 〈관객이 유의할 점〉 ▷ 진지하고 조용한 자세로 관람하기 ▷ 각 소집단의 공연에서 칭찬할 점	○ 인형, 무대, 소품, 음악, 컴퓨터 ○ 무대 설치 및 음향 조명 등 자신의 역할에 최선을 다하도록 지도한다.

<table>
<tr><td>전개(30)</td><td>과학인형극
공연하기</td><td>을 찾기
▷ 공연자의 질문이나 요구에 반응을 잘하기
• 인형극 공연하기
- 인물의 성격이 잘 드러나도록 대사 연습하기
- 대사 연습 시 감정의 표현이 잘되도록 하기
- 인형 조작과 대사가 일치하도록 하기</td><td>○ 공연의 효과를 극대화하기 위해 무대를 만들 때 무대의 위치와 관객의 위치를 고려하여 배치한다.
○ 모둠에 따라 공연 순서를 정해 공연한다.
○ 시간이 부족하여 공연을 하지 못한 모둠은 다음 시간을 이용하여 공연하도록 안내한다.</td></tr>
<tr><td>정리(5)</td><td>정리하기</td><td>• 공연을 본 후 소감 발표하기
- 잘된 점 찾아 칭찬하기
- 공연 후 느낀 점을 바탕으로 설문지 작성하기
(새로 알게 된 점, 변화된 생각 등)
• 공연을 마치고 뒷정리하기</td><td>□ 설문지
○ 설문지를 작성할 시간이 확보되지 않을 경우 가정학습으로 제시</td></tr>
</table>

5) 과학인형극 공연용 PPT 자료 제작

과학인형극 공연 시 관람하는 학생이 과학적 내용을 좀 더 이해하기 쉽도록 막 뒤쪽의 TV 모니터를 이용하여 PPT를 제시하였다. PPT는 해당 차시의 내용이 대사로 나올 때 맞추어 제시한다. PPT 자료 내용은 〈표 17-16〉과 같다.

〈표 17-16〉 PPT 자료 내용

<table>
<tr><th>PPT 자료</th><th>차시 및 상황</th></tr>
<tr><td rowspan="2">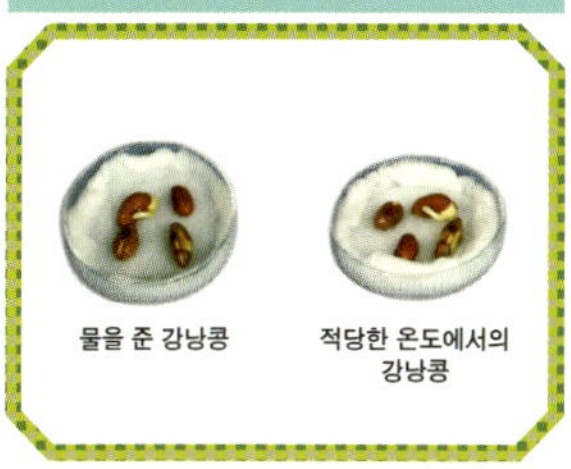
</td><td>3차시: 씨앗이 싹트는 조건 알아보기</td></tr>
<tr><td>강순이와 강낭콩병정1과의 대화, 강낭콩병정1이 강낭콩이 싹을 틔우기 위한 조건의 질문에 답하는 장면</td></tr>
</table>

4차시: 씨앗이 싹트는 과정 알아보기

강낭콩병정2의 대화, 강낭콩의 싹트는 과정에 대해 강순이에게 설명하는 장면

8차시: 꽃과 열매의 자람에 대해 알아보기

강돌이와 강낭콩병정2의 대화, 강낭콩의 꽃과 열매가 자라는 과정에 대해 강돌이에게 설명하는 장면

9차시: 식물의 한살이에 대해 알아보기

강돌이와 강낭콩병정1의 대화, 강낭콩의 한살이 과정에 대해 강낭콩병정1이 강돌이에게 설명하는 장면

6) 초등 과학과 교수-학습 적용을 위한 과학인형극 프로그램

과학과 4학년 1학기 3단원 '식물의 한살이' 단원에 교수-학습 적용을 위한 과학인형극 프로그램은 〈표 17-17〉과 같다.

〈표 17-17〉 과학인형극 프로그램

단계	소주제명	활동별 목표	수업 방법	소요 시간(분)
1차시 대본 연습	과학인형극 이해하기	활동1: 과학인형극 '금도끼, 은도끼' 영상 시청	강의, 교사 시범, 개인활동, 모둠활동	40
	대본 분석하기	활동2: 과학인형극 '강낭콩섬 탈출기' 살펴보기		
	배역 정하기	활동3: '강낭콩섬 탈출기' 자기 배역 정하기		

	대본 연습하기	활동4: '강낭콩섬 탈출기' 연습하기		
2차시 인형극 연습	인형 조작 연습하기	활동5: 인형 조작 연습하기	강의, 교사 시범, 개인활동, 모둠활동	40
	모둠별 연습하기	활동6: 인형극 연습하기		
3차시 인형극 공연	공연하기	활동7: 공연하기	강의, 모둠활동	40
	관람하기	활동8: 관람하기		
	느낌 발표하기	활동9: 학습지에 느낌 적고 발표하기		

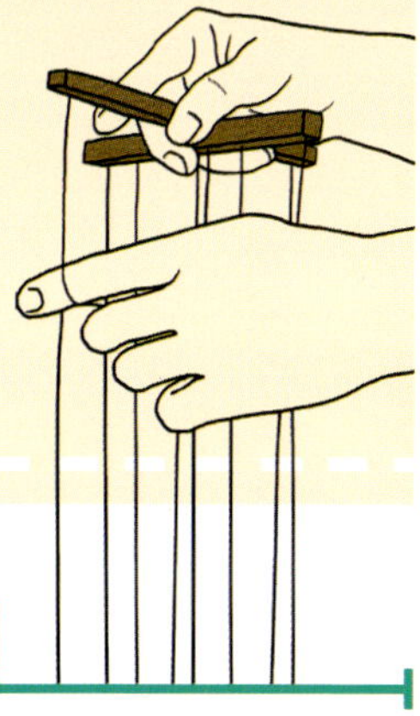

참고문헌

교육과학기술부(2011). 2011. 5. 31. 《과학기술예술 융합 STEAM 교육 활성화 방안》발표 보고서. 교육과학기술부.

김동권(2002). 연극의 이해. 서울: 건국대학교 출판부.

김애옥(1998). 인형극의 이론과 실제. 서울: 양서원.

김왕동(2011). 창의적 융합인재 양성을 위한 과제: 과학기술과 예술 융합(STEAM). STEPI Insight, 67호, 과학기술정책연구원.

김진수(2012). STEAM 교육론. 서울: 양서원

김형섭(2011). 초등학교 과학과 교수 · 학습을 위한 과학인형극 프로그램 개발 및 적용. 광주교육대학교 교육대학원 석사학위논문.

나지연(2005). 과학 연극 수업이 과학 본성에 대한 초등학생의 인식에 미치는 영향. 춘천교육대학교 교육대학원 석사학위논문.

노명희, 신은희(2004). 공연을 위한 인형 제작과 시나리오. 서울: 상문사.

윤혜경(2005). 과학 수업시간에 해보는 과학연극. 서울: 드림윅스21.

이성희(2011). 융합인재교육(STEAM) 파이오니어(선도교원) 양성과정 연수. 한국과학창의재단.

전영석(2011). 융합인재교육(STEAM) 파이오니어(선도교원) 양성과정 연수. 한국과학

창의재단.
최철주(1997). 무대디자인. 서울: 미진사

Francis, R. (1997). 무대디자인 입문(박희태 역). 서울: 예니
Linda, E. (2009). 조명과 디자인 아이디어(김광섭 역). 서울: 연극과인간

대학연극 음향 매뉴얼 http://blog.naver.com/partyplay88/140167996268
연극조명 http://blog.naver.com/iirree86/70086672496
연출 http://kwnu.kangwon.ac.kr/~mal1207/step7.htm
인형극단 친구들 http://puppet.pe.kr/
중앙특수조명 http://www.showpark.net/

- **하주일**

호남대학교 산업경영대학원 인터넷비즈니스학과 졸업
현) 과학인형극회 꼭두샘 회장(공연 기획 및 총괄)
　　광주월산초등학교 교사

- **신재한**

경북대학교 교육학박사(교육방법 및 교육공학)
숙명여자대학교, 성신여자대학교, 세종대학교, 대전대학교, 대구대학교 등 외래교수
한국교육개발원 연구위원
현) 교육부 연구사

- **김명일**

광주교육대학교 교육대학원 초등과학교육과 석사 재학
현) 과학인형극회 꼭두샘 부회장(총감독)
　　광주미산초등학교 교사

- **김형섭**

광주교육대학교 교육대학원 초등과학교육과 석사 졸업
현) 과학인형극회 꼭두샘 연출(시나리오 및 음향)
　　광주학강초등학교 교사

- **홍성천**

광주교육대학교 교육대학원 교육행정, 정책학과 석사 수료
현) 과학인형극회 꼭두샘 조연출(연기 및 인형 조작 지도)
　　광주은빛초등학교 교사

· **최정욱**

광주교육대학교 실과교육과 졸업

현) 과학인형극회 꼭두샘 회원(영상 및 IT)

광주일동초등학교 교사

· **정인걸**

광주교육대학교 컴퓨터교육과 졸업

현) 과학인형극회 꼭두샘 회원(인형 제작 및 과학 레크리에이션)

광주어룡초등학교 교사

· **정영국**

광주교육대학교 실과교육과 졸업

현) 과학인형극회 꼭두샘 회원(무대 및 조명)

광주월곡초등학교 교사

· **진주현**

광주교육대학교 교육학과 졸업

현) 과학인형극회 꼭두샘 회원(과학 실험 및 융합 과학)

광주운암초등학교 교사

· **송창근**

광주교육대학교 교육대학원 초등과학교육과 석사 재학

현) 과학인형극회 꼭두샘 회원(무대 및 인형 디자인)

광주월산초등학교 교사

STEAM
융합교육을 활용한

과학 인형극

2013년 7월 20일 1판 1쇄 인쇄
2013년 7월 25일 1판 1쇄 발행

지은이 • 하주일 · 신재한 · 김명일 · 김형섭 · 홍성천 · 최정욱
정인걸 · 정영국 · 진주현 · 송창근 공저

펴낸이 • 김진환

펴낸곳 • (주) 학지사
121-837 서울시 마포구 서교동 352-29 마인드월드빌딩 5층

대표전화 • 02)330-5114　　팩스 • 02)324-2345

등록번호 • 제313-2006-000265호

홈페이지 • http://www.hakjisa.co.kr
커뮤니티 • http://cafe.naver.com/hakjisa

ISBN 978-89-997-0141-2 03370

정가 17,000원

이 도서의 국립중앙도서관 출판시도서목록(CIP)은 서지정보유통지원시스템 홈페이지(http://seoji.nl.go.kr)와 국가자료공동목록시스템(http://www.nl.go.kr/kolisnet)에서 이용하실 수 있습니다.
(CIP제어번호: CIP2013011736)